Thomas Nisslmüller

Predigten an die deutsche Nation

Thomas Nisslmüller

Predigten an die deutsche Nation

Fromm Verlag

Imprint

Cover image: www.ingimage.com

Publisher:
Fromm Verlag
is a trademark of
International Book Market Service Ltd., member of OmniScriptum Publishing Group
17 Meldrum Street, Beau Bassin 71504, Mauritius

Printed at: see last page
ISBN: 978-3-8416-0941-0

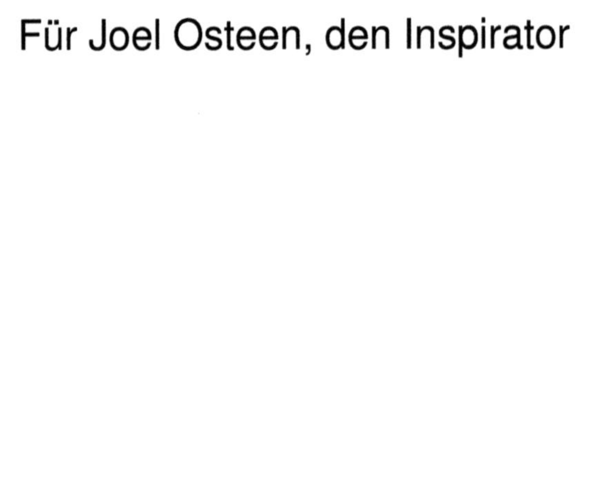

Für Joel Osteen, den Inspirator

<u>Zitaten-Intro</u>

„If you want to tell people the truth, make them laugh, otherwise they´ll kill you."

Oscar Wilde

„Don´t judge someone just because they sin differently than you."

Sprichwort

„Paulus schrieb an die Apatschen: Ihr sollt nicht nach der Predigt klatschen. / Paulus schrieb an die Komantschen: Erst kommt die Taufe, dann das Plantschen. / Paulus schrieb den Irokesen: Euch schreib ich nichts, lernt erst mal lesen."

Robert Gernhardt

„Was predigt ihr den Wilden? / Tut Not, erst die Gebildeten zu bilden."

Eduard von Bauernfeld

Zur Einführung

I. Was heißt predigen? Zum Ethos der Kanzelrede

„Niemand predigt besser als die Ameise. Und die sagt nichts."

Benjamin Franklin

I.1 Predigen heißt ... Fragen formulieren „vor Gott" (coram Deo)

Das zitierte Wort von Benjamin Franklin (* 17. Januar 1706 in Boston; † 17. April 1790 in Philadelphia) stimmt demütig.

Die Stille predigt oft am Lautesten.

Die Ameise baut, ist fleißig, sie steht für eine handelnde Existenz.

Taten sind meist die besten Predigten: die Tat spricht laut, Worte sind manchmal nur Andeutungsmanöver! Jede Predigt sollte weniger ein Show-Pathos als ein konkretes Handlungs-Ethos mit sich führen.

Und nur der, der versteht, dass alle Worte nichts bewirken, wenn Gott nicht selbst zu uns und durch uns spricht, im Predigt-Akt durch uns und an uns handelt, kann auch berechtigterweise auf der Kanzel darauf hoffen, dass das lebendige Wort trifft und Herzen erreicht.

Denn ein treffendes, bewegendes Wort ist immer auch ein Geschenk.

Predigten sollten Anstiftungen sein zu einem Leben coram Deo, zu einem Lebensentwurf, der „vor Gott" stattfindet und der immer wieder neu geprägt werden muss von dem Wort der Wahrheit, das etwa in der Predigt erklingt, in der Bibel gelesen, im Hören auf Gott vernommen, im konkreten Handeln angewendet, umgesetzt sowie ferner natürlich auch geprüft und weitergegeben werden soll.

Schweigen kann Gold sein. Vor allem bei sinnfreier Rede. Wie so schön sagt es doch Oscar Wilde (* 16. Oktober 1854; † 30. November 1900): „Gesegnet seien jene, die nichts zu sagen haben und den Mund halten!"

Positives Tun kann weit mehr bedeuten als tausend Worte. Und wer das Gute sagt und tut: der Jackpot!

Ein Sprichwort sagt:

„Dem nur stehn schöne Reden gut, der, was er predigt, selber tut."

Das Schweigen zur rechten Zeit – „just in time!" – und ein von einer positiven inneren Quelle her gelebtes Leben, das will gelernt sein:

„Man braucht zwei Jahre, um sprechen zu lernen, und fünfzig, um schweigen zu lernen." So sagt es Ernest Hemingway. Und manchmal sind es nicht nur fünfzig Jahre, sondern mehr!

Zur rechten Zeit schweigen. Und: Tun, was man sagt; sagen, was man tut. Eine schlichte und elementare Formel für die Selbstprüfung von Kanzel"turnern" weiblichen und männlichen Geschlechts.

„The proof of the pudding is in the eating" – und die Tat markiert letztlich die Schaltstelle zur Freiheit nach dem Vorlauf des Denkens und Redens. Und alles beginnt doch wohl letztlich mit der aktiven Stille vor Gott:

Wer vor Gott schweigt, der kann dann redend Göttliches sagen (und erreichen).

I.2 Predigen ist ... Erinnerung ans Glück

Erinnerungen an glückliche Zeiten sind eine Art innerer Jungbrunnen. Ältere Menschen neigen dazu, ihre Kinder an gemeinsame Urlaube oder an „einfach schöne Zeiten" zu erinnern. Der Schatzkasten der Erinnerung wird bemüht, um das Band der Gemeinsamkeit aktiv zu halten.

Es gibt Künstlerinnen und Künstler (und nicht nur Kreative tun dies!), die beginnen jeden Morgen mit der Erinnerung an etwas besonders Schönes und Intensives, das sie einmal erlebt haben. Das kräftigt, motiviert und spendiert eine extra Ladung „Power" für den Tag.

Erinnerungen an Schönes, an besondere Erfahrungen und an die Highlights von Reisen, von rekreativen Phasen oder an die Gipfel der eigenen Vita sind enorme Booster, um das Leben mit Energie zu betanken. Insofern sind gute Predigten immer beides: Erinnerungen an Gottes große Taten sowie an sein Wirken in unserem persönlichen Leben – und eben darin auch Ermutigungen, den Blick auf die mit Gottes Hilfe zu realisierende Zukunft zu lenken, sich dem „Gott der Väter", dem „Vater Jesu Christi" neu, innig und echt anzuvertrauen.

I.3 Predigen ist: Christus vor Augen malen

Es gibt wohl keine größere Predigt-Kunst als diejenige, die den Menschen an seine besondere Würde erinnert: er darf ein Ebenbild Christi sein.

Die Ars praedicatoria verbi (bzw. Ars praedicandi) kulminiert und wirkt erst dort so recht, wo das Bild Christi in Hörenden wahr und elementar wirklich wird. Wo es die Herzen und Sinne berührt.

Insofern ermuntert Paulus dazu, dass wir unser ganzes Augenmerk auf den Auferstandenen und zur Rechten Gottes thronenden Christus, der Herr und Heiland, aber auch unser Freund und Bruder ist, zu lenken und den Blick nicht von ihm zu lassen (Kolosser 3,1f).

Der Hebräerbrief ermutigt dazu, die Augen auf Christus, den Anfänger und Vollender – also den Begründer und Perspektivmann unserer Biographie – zu richten und darin Zuversicht, Hoffnung, Stärke sowie stetes Vertrauen zu schöpfen.

In der Diktion der Gute-Nachricht-Ausgabe der Heiligen Schrift:

„Wir wollen den Blick auf Jesus richten, der uns auf dem Weg vertrauenden Glaubens vorangegangen ist und uns auch ans Ziel bringt. Er hat das Kreuz auf sich genommen und die Schande des Todes für nichts gehalten, weil eine so große Freude auf ihn wartete. Jetzt hat er den Platz an der rechten Seite Gottes eingenommen. Denkt daran, welche Anfeindung er von den sündigen Menschen erdulden musste! Das wird euch helfen, mutig zu bleiben und nicht aufzugeben." (Hebr 12,2f)

II. Wirkung und Bedeutung der Predigt

II.1 Predigten an die Nation

Das Wort, das Gott spricht, kann eine Nation verändern. Sie auf Himmelspfade setzen. Gottes Wort kann ein Land, einen ganzen Kontinent mit Güte, Liebe und Mut entzünden. Ihm eine neue Ausrichtung geben. Glück und Leben sind dabei mit im Schlepptau.

Und verkürzt formuliert, geht es in diesem Band genauer um zweierlei:

Was die/unsere Nation braucht.

Und: Warum die Ewigkeit zählt.

Eine Nation, die Ewigkeitswerte wieder an sich heranlässt, hat eine neue Ausrichtung. Hier kommen bleibende Werte ins Spiel, die den Alltag wie das Planen klar verändern.

Eine Nation, die sich des Ewigen bewusst ist, wird keine falschen Kurzfristziele definieren. Eine Welt dagegen, die nur in Augenblickskonstellationen tickt, taugt nicht für die Zukunft.

Eine Nation einzustimmen auf das Neufinden der Dimension des Ewigen, dies wäre ein großes Ding.

Hier kämen viele Sachen zusammen, die scheinbar unmöglich sind: Versöhnung wird möglich, wo man das Ewige mit einbezieht. Identität wird stark, aber wirklichkeitstauglich. Der Wille wächst, weil er sich nicht an Gefälligkeiten und Gesinnungsofferten bindet, sondern an bleibende Aspekte und Werte. Ein starker, werteaffiner Wille ist eine gute Hausmacht gegen hirnrissiges Kurzfrist-Denken.

Predigten bilden einen Pool an Worten, die Einladungen in die Gegenwart Gottes und zum Leben in seiner Wahrheit markieren. Sie sind ein Angebot, auf Gott zu hören. Sich an ihm neu auszurichten.

Und als Nation auf Gott zu hören, könnte ein ganz neues Selbstwertgefühl entstehen lassen.

Eine auf Gott hörende Nation wäre fähig, sich entspannt dem Erhalt von Werten zuzuwenden, ohne auf rasch dahingekleckste Umfragewerte zu schielen, die häufig schon wieder veraltet sind oder erst gar nicht wirklich ernst genommen wurden, als sie gedruckt bzw. digital verbreitet worden waren.

Eine Nation, die sich an Gott orientiert, kommt plötzlich auf neue Gedanken, findet gute Ziele.

Wo wir dagegen an Gott vorbeihören, ihn ignorieren oder gar bewusst gegen ihn handeln, ihn von unserem Wirklichkeitsfenster ausschließen, da verlieren wir.

Jede Nation hat die Berechtigung zur Selbstbehauptung. Besitzt ein Recht, Träume zu entwickeln.

Und welche Ziele, Ideen und Träume eine Nation überdenkt, sagt viel über ihre Werte und über die gesellschaftliche Grundströmung aus. Gute Ziele, die vor Gott gelten, sind wichtig für ein stimmiges Lebensgefühl.

Und Werte braucht es, um Identität zu stiften.

Ohne klare Werte verkommt eine Nation.

Das ist nicht antiliberal, das ist sinnvoll.

Das ist nicht schlimm, sondern nötig.

Das ist gut und sollte es auch bleiben.

Eine Nation, die sich ihrer selbst bewusst ist, kann selbstbewusst handeln.

Wer Rückgrat entwickelt, kann die Gratwanderung von Krisen meistern. Wer seine Werte kennt und für sie einsteht, der entwickelt „Standing“. Wer sich aber in falschen Selbstbildern spiegelt und in den Erwartungsvorgaben anderer sonnt, der hat versäumt, an sich zu arbeiten und Verantwortung zu übernehmen.

In einer Nation, die sich auf die Werte, die zählen, auf Wahrheit, Ehrlichkeit, Klartext und sinnvolle Kurskorrekturen besinnt, bei der kann Gott mit seinem Geist wirken. Machen wir ihm die Tore auf!

II.2 Warum wir Glauben brauchen

Glaube ist eine Sache für Alt und Jung.

Glaube ist keine schwere Sache, vielmehr kinderleicht.

Das Schwere dabei ist: das kindlich Leichte wieder zu entdecken.

Zu viel Kopf und Nachdenken können vom Glauben ablenken. Glaube ist etwas für jedermann, jedes Kind, jeden Mann, jede Frau, ja für alle Menschen. Ohne Glauben, ohne Gewissheit, Zuversicht und das Hoffnungsglück können wir nicht existieren.

Wir brauchen Orientierungsmargen, an denen entlang sich unser Leben deutlich gestalten lässt.

Wir brauchen Klarheit und Wahrheit, Werte und Erkenntnisse, Weisheit und Mut zum Handeln.

Wir müssen herausgeholt werden aus falscher Lethargie, aus der Lässigkeit der *Augenblicksverfallenheit* und aus der *Träumerei der Konsumachsenpiele.* Aus den sinnfreien Belustigungen einer auf Begierden-Entfachung ausgerichteten Zeit, die Treue und bleibende Werte kaum noch kennt – oder diese gar bewusst konterkariert.

Glaube an Gott kann Wunder wirken und eine Neuausrichtung schenken.

Glaube verleiht Flügel. Er lässt uns Treue erfahren und Treue erlernen.

Glaube bewirkt Wunder. Lassen wir ihn zu. In uns, durch uns, an uns!

Und das Glauben kann leicht funktionieren, wenn man sich in der Gottesnähe aufhält und dort lebt.

Die Freiheit zu glauben sollten wir uns gönnen. Dieses Glück ist kostbarer als alle Reichtümer der Welt. Keine Habseligkeit, kein Konsumartikel, kein noch so teurer Urlaub kann dies ersetzen.

II.3 Glück und Liebe

Der Mensch ist zur Liebe geboren. Jenseits der Liebe siecht er dahin. Und nicht wenige tun dies. Die Einladung zur Entdeckung einer das Leben befreienden Liebe ist die Botschaft des Evangeliums.

Liebe, die uns meint, die uns zu Gott ruft und uns ferner in Einklang bringt mit unserer Bestimmung.

Liebe lässt uns aufatmen und Freiheit finden zu mutigem Sein in dieser Welt.

Diesen Gott der Liebe zu finden, ist Glück; ihm nachzufolgen, einzig und allein als letztlicher Erfolg zu verbuchen für eine gelingende Existenzform. Denn wahrer Erfolg hat mit Wahrheit zu tun: mit Gott!

Auch wenn wir in unserer Zeit eine Legion an Erfolgsdefinitionen kennen: nicht das Materielle ist Erfolg, nicht die Villa oder der Ferrari sättigen die Seele, sondern der Bezug zu Gott, dem Schöpfer.

Die hier vorgelegten Predigten sind markante, provozierende Einladungen, über den Zustand unserer Nation nachzudenken. Sie liefern ferner auch Besinnungsofferten und Tatsphärenanstöße. D.h. Anstöße zu guten, Gesellschaft prägenden Handlungen und Werte stiftendem Tun. Sie sind insofern mutatis mutandis Anstiftungen zur Freiheit in Konkretion, zur Freiheit eines geisterfüllten Lebens.

Nur das ins Leben strömende Wort der Freiheit, das zur Tat gerinnt, kann Nachahmer erzeugen! Und erfahrene wie gestaltete Freiheit hat immer mit Werten, mit dem Wahrwerden vor sich, vor Menschen sowie vor Gott zu tun. Unser Charakter schärft sich, wo Wahrheit klar in den Blick kommt. Werte und Wahrheit sind gleichsam die Spiegelungspunkte, an denen sich alles elementar orientiert.

Diese Orientierung gilt es für uns in unserer aufgewühlten Zeit gemeinsam zurück zu gewinnen. Hinzugewinnen sollen wir Weisheit, Tugend, Mut, Kraft und einen Handlungssinn, der Begegnung stiftet. Dabei gilt es auch, die Fragen des Alltags und die Farben der Wirklichkeit mit Gott zu verbinden. Diese Verbindung schafft Raum, sie schenkt Weite; und sie macht Neues erforderlich: das neue Herz.

Eine veränderte Denkweise, die sich nicht aus dem Tritt bringen lässt, wenn wir plötzlich selbst gefragt sind. Eine „Denke", die sich etwas traut: nämlich das Gute, Schöne, Wahre und Vollkommene zu antizipieren, es gleichsam in *Konkretionen der Verwirklichung* umzumünzen.

Am vollkommensten ist die Liebe, diese Paradiestugend, das beispielhafte Sein vor und in Gott. Und es wären nicht nur Fragen der Bibel auf abstrakte Wahrheitsmanöver hin zu „trimmen". Es geht vielmehr um eine konkrete Erleuchtung im Lebensalltag, die uns alle meint, trifft und bestimmt. Und welche Zeit wäre wohl positiv-entzündlicher als das für Gott entflammte Ohr-Sein im Moment?!?

Thomas Nisslmüller, im Februar 2017

Inhaltsverzeichnis

Predigt 1

Glück ist ein Segen: Unter Gottes Führung leben

(Texte u.a.: Psalm 1 und 119)

Zunächst ein kleiner Joke zum Start:

„Was ist der Unterschied zwischen einem glücklichen und einem unglücklichen Ehemann?
Der eine hat ein trautes Heim. Der andere traut sich nicht heim."

Das Thema Glück beschäftigt mich schon eine kleine Ewigkeit.

Seitdem ich in meinem Theologiestudium in London und Mainz die sog. Seligpreisungen bei Matthäus entdeckt und dann eingehend mit den entsprechenden Stellen im Evangelium nach Lukas verglichen hatte, war ich im Bann dieser Worte. Sie packen und faszinieren!

Es begeistert mich immer wieder zu hören, was Gottes Wort über das gelingende, das glückliche und gewisse, zuversichtliche Leben sagt.

Und ich hoffe, dass in dieser Predigt so mancher neu für sich entdeckt, was Gott für ihn in seinem Leben vorhat und was den Ton der Freude, die Melodie des Gelingens und Glücklichseins vielleicht in letzter Zeit abgedunkelt, abgedämpft oder sogar fast abgetötet hat.

Jeremia 29,11: „Denn ich weiß wohl, was ich für Gedanken über euch habe, spricht der Herr: Gedanken des Friedens und nicht des Leides, dass ich euch gebe Zukunft und Hoffnung."

Ich glaube, dass Gott auch heute Gutes, dass er Gelingen und ein glückliches, zufriedenes, erfülltes, echtes Leben mit uns im Sinn hat. Ein Gelingendes Leben: ein Leben in der Freude an der Liebe, am

Glauben und an der lebendigen Christus-Hoffnung – das hat Gott mit uns im Blick. Und diesem Blick und Sinn gilt es nachzudenken.

Dietrich Bonhoeffer schreibt in seinem Werk „Widerstand und Ergebung“: „Es gibt erfülltes Leben trotz vieler unerfüllter Wünsche.“

(Widerstand und Ergebung, DBW Band 8, 359)

In seinem Leben zeigte sich: die menschliche Existenz ist fragil – und das komplexe Geschenk des Lebens ist nicht leicht zu deuten. Wie so oft haben wir im Freundeskreis doch recht hilflos sehen müssen, wie zerbrechlich doch so manche Beziehung, ja das gesamte menschliche Leben steht unter dem Vorzeichen von Zerbrechlichkeit; wie es der frühere Marburger Theologe Henning Luther einmal wie folgt in einen Buchtitel gepackt hat: „Leben im Fragment“.

Die Bruchstücke unseres Lebens dennoch als etwas Sinnhaftes zu entdecken und zu erleben, ist durchaus als Gnade zu bezeichnen.

Glück ist häufig ein Chamäleon, eine changierende Spiegelfläche voller Überraschungsfarben und schillernder Impulse.

Vermeinen wir die eine Farbe des Glücks erkannt zu haben, verfärbt es sich bereits wieder. Bleibendes Glück ist selten. So selten wie ein Wintergoldhähnchen in den Betonschluchten von Metropolen.

Was eben noch Glück war, kann im anderen Moment wieder anders leuchten. Und die Farben sind manchmal vor lauter Grautönen gar nicht klar und eindeutig zu erkennen, sie wirken unkenntlich-diffus.

Die Figuren, die das Leben tanzt, sind oft nur schwer nachzuzeichnen.

In der Kulturwissenschaft und Semiotik spricht man u.a. von figurativen und limitativen Regeln, die das Leben bestimmen.

Und Gott bedient sich oft der inhaltlich-gestalterischen Aspekte, um unser Leben schön zu gestalten, wenn wir es zulassen.

Doch er setzt auch Grenzen – limitative Regeln also –, die wie Stoppschilder oder Ausrufezeichen in unsere Biographie hineinreichen.

Glück kennt beides: die inhaltliche Euphorie sowie das Ausgelassensein an der Grenze. Limitatives und Figuratives.

Das Geborgensein wie das „Völlig-aus-dem-Häuschen-Sein".

Und wir kommen nie ans Ende mit dem, was Glück ausmacht, wie Glück ist. Die Farbfülle des Glücks zu entziffern, ist ein offenes Spiel.

Doch den Geschmack des Glücks dürfen wir ein Leben lang einüben.

Manchmal finden wir recht einfach klingende Formeln fürs Glück.

Etwa das altbekannte Goethe-Wort:

„Willst du glücklich sein im Leben,

trage bei zu andrer Glück.

Denn die Freude, die wir geben,

kehrt ins eigne Herz zurück."

An anderer Stelle sagt er:

„... glücklich allein ist die Seele, die liebt."

Beides gewiss Erfahrungsweisheit, die man gerne teilt.

Geben ist seliger als nehmen.

Und Liebe und Glück gehen oft Hand in Hand miteinander einher.

„Ich bin gekommen, damit sie das Leben haben und es in Fülle haben."

In der neuen Lutherbibel von 2017 hört sich das so an:

„Ich bin gekommen, damit sie das Leben haben und volle Genüge."

So sagt es Jesus im Johannesevangelium im zehnten Kapitel.

Er ist der gute Hirte, bei dem kein Mangel vorkommt. Im Gegenteil: Bei ihm herrscht Fülle. Und bei ihm finden wir Fülle. Er eröffnet unserer Seele Ruhe, Glück und echtes Leben. Sein Reden baut auf. Sein Wort befreit und erquickt.

Bei ihm dürfen wir zur Ruhe kommen und Fülle finden.

Ein Leben, das nicht nur „halt so" ist, sondern das über eine besondere göttliche Wertigkeit verfügt. Erkenntnisgewinn inklusive.

„Da redete Jesus abermals zu ihnen und sprach: Ich bin das Licht der Welt. Wer mir nachfolgt, der wird nicht wandeln in der Finsternis, sondern wird das Licht des Lebens haben." (Johannes 8,12)

Werfen wir einen Blick auf die sogenannten Makarismen der Bibel als einer Einladung zum Leben.

Die Seligpreisungen der Bibel werden auch gerne von den Fachkollegen als Makarismen bezeichnet.

Das Wort „makários" im Griechischen heißt so viel wie: „gesegnet ist ...", oder: „voller Lebenslust ist ..."

Gerne übersetzt mit: „Glücklich ist ..."

Es gab in meinem Leben viele Momente, in denen ich glücklich war.

Obwohl ich nicht denke, dass ein Mensch immer glücklich sein kann.

Das wäre ja auch etwas anstrengend. Und die Lachfalten dürfen durchaus in erträglicher Tiefe ausfallen. Smile!

Es gibt ja Prediger, die fangen jeden Kanzelvortrag mit einem Joke an.

Dahinter steht der Gedanke: wenn man gemeinsam gelacht hat, dann kann alles andere nur noch halb so schlimm werden.

Selbst der von mir hoch geschätzte Joel Osteen bringt es fertig, eine jede Predigt mit einem Witz zu beginnen, ohne dass dieser auch nur entfernt einen – bzw. gar keinen – Bezug zu dem hat, was dann im Folgenden in seiner meist gut 25-minütigen Predigt kommt.

Ich habe mir das mal für heute zum Vorbild genommen – und baue einmal einen Witz mit ein; nein, gleich zwei für zwei Humorsorten:

Ad 1) Beim Eingang zum Himmel gibt es zwei Türen; auf der einen Tür steht: Für Männer die immer getan haben, was ihre Frau gesagt hat. Davor eine schier unendlich scheinende Schlange von Männern. Auf der anderen Tür steht: Für Männer, die Ihrer Frau gesagt haben, wo es langgeht. Davor steht nur ein einziger Mann. Petrus fragt ihn schließlich, warum er sich vor dieser Tür angestellt hat. Prompt die Antwort: "Meine Frau hat es mir gesagt!"

Ad 2) Ein KFZ-Mechaniker ist soeben bei Petrus angekommen. "Hey Petrus, warum bin ich denn schon hier, ich bin doch erst 45?!" Petrus schaut in seine Unterlagen: "Nach den Stunden, die Du Deinen Kunden berechnet hast, musst Du schon 94 sein!"

Nun zurück zum Themenhorizont Glück. Und Glück kann ja durchaus etwas mit der Freiheit von Fremddiktaten – auch in Beziehungen – und ferner mit Ehrlichkeit, Echtheit und Gewissheit zu tun haben.

Makarismen gibt es im Neuen, aber auch schon im Alten Testament.

Und einige dieser alttestamentlichen Makarismen möchte ich heute in den Blick rücken.

Schauen wir einmal auf Psalm 119.

Ein Psalm, der gänzlich vom Wort Gottes handelt.

Vom Wort, das Leben stiftet und Leben verändert.

Dieser Psalm ist in der Tat das Pendant zu Psalm 1.

Beide handeln von dem wirkmächtigen Wort Gottes, das als Boden und Kraft unseres Lebens dem Dasein Halt, Struktur und Ausrichtung verleiht.

Psalm 119

„1 Wohl denen, die ohne Tadel leben, die im Gesetz des HERRN wandeln!

2 Wohl denen, die sich an seine Zeugnisse halten, die ihn von ganzem Herzen suchen,

3 die auf seinen Wegen wandeln und kein Unrecht tun.

4 Du hast geboten, fleißig zu halten deine Befehle.

5 O dass mein Leben deine Gebote mit ganzem Ernst hielte.

6 Wenn ich schaue allein auf deine Gebote, so werde ich nicht zuschanden.

7 Ich danke dir mit aufrichtigem Herzen, dass du mich lehrst die Ordnungen deiner Gerechtigkeit."

(Luther 2017)

„Wohl denen“ übersetzt Luther, aber man kann auch mit „Glücklich ist der Mensch, der ...“ übersetzen.

Und das Hebräische „Aschré“, das hier verwendet wird, ist in der Tat das Gegenstück zu „Makários“ im Griechischen.

Ich liebe diesen Begriff. Zeigt er doch an, dass das Leben gelingen soll, wenn wir in lebendigem Kontakt mit Gott stehen. Dass unser Leben den Horizont von Glück und Ewigkeit hat, die hier und jetzt in der aktiven Beschäftigung mit Gottes Wort Gewicht und Macht gewinnt.

Und achten wir einmal auf Psalm 1, der für viele Menschen zu einer Art permanentem Lebens-Begleiter geworden ist, weil sie ihn auswendig gelernt haben und ihn in diversen Situationen abrufen. Er ist eine große Verheißung. Verheißung für ein gelingendes, kraft- und saftvolles Leben, das im Gotteswort gründet und darin zu Hause ist.

Ich habe noch meinen Großvater „Schorsch“ im Ohr, der diesen Psalm oft laut vor meinen Ohren rezitierte.

Er kannte die ersten 50 Psalmen auswendig. Und erzählte gegen Ende seines Lebens, dass er es im Rückblick bereut, dass er die Psalmen nicht weiter auswendig gelernt habe. Denn das hätte sein Leben sehr positiv geprägt, das Erlernen der Verse der Heiligen Schrift.

Und welch ein großer Schatz kann doch das Gotteswort sein, wortwörtlich von der Wiege bis zur Bahre. Wie gut ist es, wenn Kinder schon als ganz kleine Wesen von Gottes Wort hören.

Und wie ergreifend ist es, wenn alte Menschen an der Schwelle zum Tod etwa den Psalm 23 leise vor sich hinsprechen oder mitsprechen und darin eine ganz große Hoffnung, Mut und tiefen Trost finden.

Der Psalm 1 lautet, hier in der Version Luther 2017:

„Der Weg des Frommen, der Weg des Frevlers

1 Wohl dem, der nicht wandelt im Rat der Gottlosen / noch tritt auf den Weg der Sünder noch sitzt, wo die Spötter sitzen,

2 sondern hat Lust am Gesetz des HERRN und sinnt über seinem Gesetz Tag und Nacht!

3 Der ist wie ein Baum, gepflanzt an den Wasserbächen, / der seine Frucht bringt zu seiner Zeit, und seine Blätter verwelken nicht. Und was er macht, das gerät wohl.

4 Aber so sind die Gottlosen nicht, sondern wie Spreu, die der Wind verstreut.

5 Darum bestehen die Gottlosen nicht im Gericht noch die Sünder in der Gemeinde der Gerechten.

6 Denn der HERR kennt den Weg der Gerechten, aber der Gottlosen Weg vergeht."

Zunächst fängt das Ganze ja mit einer Grenze an.

Wie viel Gutes, Wesentliches und Weiterführendes doch im Leben mit einem Ausschluss beginnt. Sich von falschen Freunden oder von Energieräubern und falschen Verhaltensmustern zu trennen, eine Grenze zu setzen, Disziplin zu wagen, das ist oft der Start in ein erneuertes und vor Gott stimmiges, ehrliches und weises Leben.

Mit dem Zeigen einer klaren Kante kann das richtige Terrain, der zielstrebige Lauf beginnen.

Wohl dem Menschen, oder: glücklich ist der Mensch, der sich nicht einlässt auf den Ratschluss der Gottlosen. Der nicht auf den Weg der Sünder tritt und keinen Teil daran hat. Und der ferner nicht Platz nimmt, wo das Böse, Untreue, Neid, der Zweifel, die Angst wohnt.

Wir können entscheiden, wo wir uns niederlassen: im Haus des Wortes oder in der Hütte des Spotts.

In der Gegenwart Gottes oder bei den selbsternannten Göttern.

Das Kontrastprogramm zum Spott-Zirkus und zur Neid-Community lautet: Spaß an der Gottesgegenwart. Freude an seinem Wort!

„Lust am Gesetz des Herrn" übersetzt Martin Luther. Und er trifft den Textsinn hier genau. Leidenschaft für das Gottes-Wort, für die Wahrheit, die aus dem Buch der Bibel in unser Leben hineinkommt.

Sich ganz der Sache des Gottes-Gesetzes hingeben. Dieses Wort permanent mit sich, in sich tragen.

Diese Lust drückt sich darin aus, dass der Mensch es nicht lassen kann, Tag und Nacht darüber zu murmeln, das zu sprechen, was Gottes Wort für ihn ist, zu bekennen, was in diesem Wort steht.

Die Wahrheit täglich wortgewaltig zu bezeugen, sie zu bekennen.

Wörtlich steht hier: „Glücklich ist ..., der Gottes Tora ohne Zeitbegrenzung – 24/7 – vor sich her murmelt."

Sie quasi ins Leben hinein spricht. Das Wirkungswort entsendet!

Und dann kommt eine granatenmäßige Verheißung:

„3 Der ist wie ein Baum, gepflanzt an den Wasserbächen, / der seine Frucht bringt zu seiner Zeit, und seine Blätter verwelken nicht. Und was er macht, das gerät wohl.

6 Denn der HERR kennt den Weg der Gerechten, aber der Gottlosen Weg vergeht."

Welch ein schönes Bild! Wir sehen einen sehr fruchtbaren Baum vor uns, der permanent Früchte trägt, darin nicht nachlässt, und der keinerlei Probleme mit dem Vertrocknen oder mit Dürrezeiten kennt.

In Gottes Gegenwart kann das Leben gedeihen!

Und es heißt dann weiter: „was er macht, gerät wohl."

Plötzlich ist der Baum also wieder ein Mensch, und es wird klar, dass der Baum Symbol für uns ist: was er auch anpackt, soll vom Segen Gottes begleitet sein.

Nicht immer zaudern und ängstlich sein, sondern ins Handeln finden. Entschlusskräftig sein. Beherzt Erkanntes mit Verve umsetzen.

Mit dem Rückenwind und der Gewissheit, dass Gott mit uns ist, wenn wir in seinem Namen und in Stimmigkeit mit seinem Reden ins Handeln kommen und werktätig werden. Nicht nur klug nachsinnen und reflektieren, sondern vom Gedanken und vom Empfinden in unserem Herzen dann zur konkreten Tat schreiten, zum Tun gelangen.

Manche jammern ja endlos über das tägliche Kreuz. Scheinen permanent unter der Last ihrer Verantwortung zu zerbrechen. Und Verantwortung kann in der Tat ein Wahnsinns-Mental-Ballast sein, den wir täglich, ja minütig spüren und als Rucksack durch die Gegend schleppen. Sei dies nun eine faktisch-reale oder eine bloß so empfundene bzw. erdachte Verantwortung. Für manche ist es schon ein großes Ding, morgens aufstehen zu müssen und die Last des Tages zu empfangen. Wieder andere fühlen sich erst langsam am Limit, wenn sie die CEO-Position eines Konzerns erklommen haben. Das Gefühl für Verantwortungslasten ist kaum wohl identisch bei zwei verschiedenen Menschen vorhanden, und überhaupt entwickelt jeder in seiner eigenen Biographie ein ganz individuelles Gespür dafür, was ihn belastet oder was ihm gar als Kreuz oder Last der

Verantwortung erscheint. Aber Belastung formt ja auch, und wer mit ihr umzugehen lernt, kann im Eustress-Modus positiv unterwegs sein.

Ein Sprichwort sagt: Die Leiden sind wie das Salz. Salz war Sinnbild des göttlichen Bundes. Salz verzögert das Verderben.

Und positiv durchlebte Belastungen können zum Guten führen.

Through trials to triumph – sagen die Amerikaner.

Durch Mühsal zum Erfolg. *Per aspera ad astra*, meinen die Lateiner.

Nach Sternen zu greifen, das kann durchaus Strapazen verursachen.

Erfolg wächst nicht auf Bäumen, aber unser Leben soll zum blühenden, fruchtbaren Baum werden, wie es in Psalm 1 heißt:

„3 Der ist wie ein Baum, gepflanzt an den Wasserbächen, / der seine Frucht bringt zu seiner Zeit, und seine Blätter verwelken nicht. Und was er macht, das gerät wohl."

Fruchtbar soll der Baum sein, weil er an Wasserbächen gepflanzt ist.

Tägliche, ja sekündliche Zufuhr mit Nährstoffen, mit dem, was er zum Leben braucht. Und hier wird nicht nur von Fruchtbarkeit ganz allgemein gesprochen, sondern auch von der Fruchtbarkeit zu seiner Zeit. Manche Menschen leben in beständiger Ungeduld und nehmen so Gottes Zeitachsen und Zeitplan vorweg, sind einfach zu schnell und lassen sich nicht von Gott überraschen; sie handeln voller Hast und Elan, aber zur Unzeit, reden zur Unzeit, entscheiden auch zur Unzeit. Was für ein Segen liegt darin, auf Gottes Zeit zu harren und sich nicht davon abbringen zu lassen, dem zu trauen, was Gott uns kundtut. Manchmal sind es gute, fromme Menschen, die uns drängen, wenn wir innerlich noch merken: die Ampel steht noch auf Rot. Dann ist es klug zu warten und auf Gottes Hinweise zu achten, sich nicht durch wohlgemeinte Ratschläge in ein unzeitiges Vorhaben oder Handeln drängen zu lassen. Geduld ist manchmal schwer, aber sie ist wichtig.

Zu seiner Zeit das rechte Tun. *Right place, right action!*

Zur rechten Zeit das Gute denken und planen.

Pläne zur passenden Zeit in die Tat umsetzen.

Das ist wunderbar. Und das hat Verheißung.

Es ist etwas Besonderes, wenn Gottes Zeit mit unseren Zeitachsen zusammenfindet und wir quasi in Gottes Timing leben und wirken.

Und es ist schön, wenn wir Gottes Geist die Leitung über unser Leben anvertrauen. Seiner Führung folgen. Dann kann sich alles fügen.

Als ich diese Zeilen schrieb, hörte ich gerade im Radio den Evangeliumsrundfunk (ERF) mit dem Lied „O Heiland, fülle meinen Tag“.

Darin heißt es:

„O Heiland fülle meinen Tag

Dass er dir Früchte bringe ...

In keinem andern ist ja Heil

Als nur in deinen Namen ...

Der Herr ist König. AMEN“

Zu allen Tages- und Nachtzeiten, bei Licht und Finsternis, in Krisen wie in Hochzeiten, sozusagen bei „Wind und Wetter“, aber auch in den besonders intensiven Momenten und Momentaufnahmen gilt:

Der Herr ist König. Er ist die Fülle. Er ist der Horizont, vor dem wir leben dürfen und in den wir eingebettet sein dürfen.

Unter der Ägide von Christus das Leben zu gestalten und seinem Wort zu lauschen. Ganz Ohr sein und Ohr werden für den Heiland. Das macht das Leben froh und hell. Das macht das Leben reich.

Christus selbst ist ja das Wort. Das lebendige Wort, das Wirkungswort. In und mit ihm beginnt alle Wirklichkeit:

„Das Wort

1 Im Anfang war das Wort, und das Wort war bei Gott, und Gott war
das Wort. 2 Dasselbe war im Anfang bei Gott.

3 Alle Dinge sind durch dasselbe gemacht, und ohne dasselbe ist
nichts gemacht, was gemacht ist. 4 In ihm war das Leben, und das
Leben war das Licht der Menschen.

5 Und das Licht scheint in der Finsternis, und die Finsternis hat's nicht
ergriffen. 6 Es war ein Mensch, von Gott gesandt, der hieß Johannes.
7 Der kam zum Zeugnis, damit er von dem Licht zeuge, auf dass alle
durch ihn glaubten. 8 Er war nicht das Licht, sondern er sollte zeugen
von dem Licht. 9 Das war das wahre Licht, das alle Menschen
erleuchtet, die in diese Welt kommen."

(Johannes 1,1-9; Luther 2017)

In Christus ist das Licht. Die Freiheit zu sehen. Die Luft zum Atmen. Glücklich, wer ihm vertraut. Auf ihn, das Lebens-Wort, zu hören, das ist Glück. Auf ihn, das lebendige, wirksame, schöpferische Wort.

Auf ihn, den Heiland und Herrn dieser Welt.

Lukas 9, Vers 35: „Und es fiel eine Stimme aus der Wolke, die sprach: Dieser ist mein lieber Sohn; den sollt ihr hören!"

Auf Christus hören, auf das Wort, das uns zum Heil dient.

Als ich mein Theologiestudium in London begann, stand als Motto über dieser interkonfessionellen Ausbildungsstätte Vers 1 aus Kolosser 3:

„Trachtet nach dem, was droben ist, wo Christus ist, sitzend zur Rechten Gottes."

Das Hören auf den König der Welt, auf den erhöhten und von Gott vom Tode auferweckten Heiland und den in den himmlischen Höhen eingesetzten König Christus sollen, dürfen und können wir hören.

Wie es ähnlich dann der Hebräerbrief formuliert:

„Lasset uns aufsehen auf Christus, den Anfänger und Vollender des Glaubens." (Hebr 12,2)

Während der Studien-Zeit in London war einer der eindrücklichsten Momente der Besuch der 111 m hohen St. Paul´s Cathedral in Central London. Ein eindrücklicher Bau des Architekten Christopher Wren, unweit der London Stock Exchange im quirligen Zentrum der Stadt.

St. Paul´s hatte durchaus auch royalen Besuch: hier wurde etwa Diana Spencer – Lady Di – getraut, am 29. Juli 1981. In dieser herrlichen Kathedrale aus dem 17. bzw. frühen 18. Jahrhundert hängt ein Bild, das Christus zeigt, der mit einer Laterne an einem mit Gestrüpp schon recht zugewachsenen Eingang steht. Es sieht so aus, als ob er jeden Moment weitergehen würde. Er klopft an – und ist wohl gleich wieder weg.

Darunter steht das berühmte Wort aus dem Offenbarungstext im dritten Kapitel der letzten Schrift der Bibel (hier im Kontext, unter dem Bild steht Kap. 3, Vers 20):

„18 Ich rate dir, dass du Gold von mir kaufst, das im Feuer geläutert ist, damit du reich werdest, und weiße Kleider, damit du sie anziehst und die Schande deiner Blöße nicht offenbar werde, und Augensalbe, deine Augen zu salben, damit du sehen mögest.

19 Welche ich lieb habe, die weise ich zurecht und züchtige ich. So sei nun eifrig und tue Buße!

20 Siehe, ich stehe vor der Tür und klopfe an. Wenn jemand meine Stimme hören wird und die Tür auftun, zu dem werde ich hineingehen und das Abendmahl mit ihm halten und er mit mir.

21 Wer überwindet, dem will ich geben, mit mir auf meinem Thron zu sitzen, wie auch ich überwunden habe und mich gesetzt habe mit meinem Vater auf seinen Thron.

22 Wer Ohren hat, der höre, was der Geist den Gemeinden sagt!"

(Luther 2017)

„Siehe, ich stehe vor der Tür und klopfe an."

Christus ante portas. Der Herr des Lebens klopft an. Hören wir?

Der an unserem Leben, an der Lebenstür anklopfende Christus.

Manchmal mag es ein sehr leises, kaum vernehmbares Klopfen sein.

Dieses Klopfen zu hören und ihm aufzutun, ist eine große Gnade.

Dem Gotteswort unser Ohr zu öffnen, ihm unser Herz zu weihen.

Das ist eine besondere Erfahrung, göttliche Gnade und auch eine hehre Aufgabe. Und vielleicht ist dies einer der wichtigsten Momente unseres Daseins. Dieses Klopfen eben gerade nicht zu überhören.

„Wenn jemand meine Stimme hören wird und die Tür auftut, zu dem werde ich hineingehen und das Abendmahl mit ihm halten und er mit mir.“

Das Leben in Stimmigkeit bringen mit der Gottesstimme.

Und stimmig werden mit all unserem Sein und Tun und Gut.

Es gibt so manche Begebenheit in der Bibel, die davon berichtet.

Abraham, der der Gottesstimme lauschte, alles an den Nagel hängte und mit Sack und Maus in ein neues Land zog, wohin Gott ihn führte.

Er erlebte durchaus ein äußerst erfülltes, dynamisches und sehr spannendes, frohes Leben unter dem Segen und der Gnade Gottes.

Paulus ließ sich herausrufen aus seinem Verfolgerleben in ein Leben der Nachfolge, aus einem Lebensentwurf, der auf dem Holzweg war, in ein Leben im Lichte und in der Gegenwart bzw. Nähe Christi.

Und es gibt viele weitere Beispiele, wenn wir etwa bei den Propheten, bei Hosea, bei Jesaja oder Ezechiel nachhören. Wie sie Gottes Reden beantwortet haben, ihm ihr Herz und Ohr ganz geliehen haben und mit unendlichem Eifer den Pfad des Gehorsams wählten.

Für mich war es als Kind sehr eindrücklich, wenn ich meinen Vater immer wieder über seiner geöffneten Bibel gesehen habe. Oft schon ganz früh am Morgen bei Tagesanbruch. Und seine Bibel in der Menge-Übersetzung war sehr bunt. Bei jedem Durchlesen seiner Bibel hatte er eine neue Farbe gewählt für all jene Stellen, die ihm jeweils wichtig waren, und so hatte er ein buntes Werk kreiert.

Das Bild dieser Bibel hat sich tief in meinem Innern eingebrannt.

Es ist schön, wenn das Wort Gottes unser Leben prägt und wir uns von ihm leiten, prägen lassen. Ein solches Leben kann sehr bunt sein!

Was war Dir heute wichtig? Welchen Satz willst Du mit nach Hause nehmen? Mit welcher Lebensfarbe möchtest Du ihn markieren?

GLÜCK hat damit zu tun, dass wir dem Willen Gottes lauschen – und diesen tun. Hören und Handeln, Verstehen und Tun gehören stets zusammen. Auf Gott hören und dem Gehörten trauen, ist weise.

Und GLÜCK hat immer mit der Wahrheit unseres Lebens zu tun.

Wer der Wahrheit konsequent und willentlich folgt, ist auf einem guten Weg, nicht auf einem Holzweg.

Wichtig in diesem Kontext festzuhalten: Wahrheit und Ehrlichkeit sind Geschwister.

Gott will keine Menschen im Himmel, die ihr Leben lang durch Durchschummeln aufgefallen sind, sondern die bereit waren, sich von einem Schlingerkurs auf einen Weg des ehrlichen Denkens und des wahrhaftig-ehrbaren und klugen Handelns holen zu lassen.

Im Zeitalter der Fake News dürfen wir etwas entgegen setzen.

Wahrheit, die konkrete Gestalt gewinnt!

Ein Tun, das keine Klarheit schuldig bleibt.

Ein Reden, das sich der Wahrheit zuneigt.

Und wahrhaftige Rede, die zur Tat gerinnt, ist ein Pfad des Glücks.

Wir alle haben unterschiedliche Überzeugungen.

Das gilt auch für das Glück und für den Weg dorthin.

Aber lauschen wir noch einmal auf die Weg-Weisung, gleichsam das Rezept der Bibel für das Glück, wie wir es etwa in Psalm 119 hören:

Glücklich ist der Mensch, der sich nach Gottes Wort richtet, so könnte man diesen Text betiteln:

„1 Wohl denen, die ohne Tadel leben, die im Gesetz des HERRN wandeln!

2 Wohl denen, die sich an seine Zeugnisse halten, die ihn von ganzem Herzen suchen,

3 die auf seinen Wegen wandeln und kein Unrecht tun.

4 Du hast geboten, fleißig zu halten deine Befehle.

5 O dass mein Leben deine Gebote mit ganzem Ernst hielte.

6 Wenn ich schaue allein auf deine Gebote, so werde ich nicht zuschanden.

7 Ich danke dir mit aufrichtigem Herzen, dass du mich lehrst die Ordnungen deiner Gerechtigkeit.

8 Deine Gebote will ich halten; verlass mich nimmermehr!

9 Wie wird ein junger Mann seinen Weg unsträflich gehen? Wenn er sich hält an dein Wort.

10 Ich suche dich von ganzem Herzen; lass mich nicht abirren von deinen Geboten.

11 Ich behalte dein Wort in meinem Herzen, damit ich nicht wider dich sündige.“ (Luther 2017)

In diesem Sinne: lasst uns Menschen sein, die ihre Kraft, ihren Mut, ihre Handlungsbereitschaft sowie ihre Leidenschaft für die Wahrheit aus dem Wort Gottes, aus der Begegnung mit ihm und aus dem ehrlichen Hören auf sein Reden gewinnen. Tag für Tag.

Möge Gottes Segen mit dir sein,
wohin immer du auch gehst,
was dir auch geschieht.
Seine Liebe lässt dich nicht allein.
Wenn du nur verstehst,
dass er mit dir zieht.

Sei gewiss, er wird dich leiten.
Gott sieht stets auf dich;
er wird dich behüten Tag und Nacht.
Seine Gnade weicht nicht von dir,
hat dich stets bewacht.
Er beschütze dich mit aller Macht.“
(Hans Joachim Eckstein)

AMEN

Predigt 2

Die eigene Bestimmung finden

(Text: Kolosser 3,1f)

Liebe Gemeinde,

die *Bestimmung unseres Lebens* ist bei dieser Predigt heute im Blick.

Die Bestimmung zum Glück der Zukunft. Und das hat ja oft mit dem Verlassen von Gewohntem und Vertrautem zu tun.

Wenn man falsches Altes verlernt und lässt – dafür aber gutes Neues findet, dann kann dies durchaus als Glück bezeichnet werden.

Glücksort Predigt. Handlungsort der Freiheit. Und so auch: „Verstehens-Ort". Eine Predigt kann zur Location für ein gelingendes Leben avancieren. Inklusive des Losgebens von Hinderlichem.

Herbert Spencer sagt:

„Der Mensch ist entweder Opfer seines Schicksals
oder Meister seiner Bestimmung."

Meister seiner Bestimmung sein – ein durchaus herrlich zu nennendes Ziel für die Entfaltung und Gestaltung des Lebens!

Meistens ist da ja „Luft nach oben".

Noch ein weiteres Zitat zu Beginn:

„Nach Wahrheit forschen, Schönheit lieben, Gutes wollen, das Beste tun – das ist die Bestimmung des Menschen." Moses Mendelssohn, jüdischer Philosoph (* 06.09.1729, † 04.01.1786)

Es ist schön, wenn man seine Bestimmung gefunden hat.

Ich bewundere es, wenn Menschen schon früh im Leben eine klare Bestimmung für sich finden und sie dieser dann konsequent und ohne Kompromisse nachgehen. Dieser Fokus beflügelt und verleiht Stärke. Manche entdecken schon mit drei Jahren, dass sie einmal eine Prima Ballerina, ein Forscher, Erfinder, Gründer, Designer, Pilot, Architekt, Ingenieur oder eben „Chef" sein wollen und werden.

Andere merken schon früh, dass das Schreiben und Publizieren ihre einzige Leidenschaft und Passion ist. Wobei man ja in Passionen auch hineinwachsen kann, und manches eben auch viel Transpiration ist.

Inspiration plus Transpiration, das ergibt ein gutes Team. Wenn dann noch kluge Interaktion, beflügelnde Kooperation sowie auch eine beherzte wie gelingende Kommunikation dazu stoßen – wunderbar!

Bei manchen macht es, wie gesagt, schon ganz früh im Leben „klick".

Wieder andere mögen erst im fortgeschrittenen Lebensalter, manche sogar erst mit 60 oder 70 Jahren, damit beginnen, ihre Talente heraus zu kramen und diese zu polieren – und spüren dabei, wie verborgene Talente plötzlich an Leuchtkraft, Glanz und Wirklichkeit gewinnen.

Das kann eine schöne Gnade und eine tolle Erfahrung sein!

Oft ist es bei Professoren und Forschern so, dass sie die große Entdeckung oder Erfindung, das besondere Buch, den Geistesblitz erst in einem recht hohen Lebensalter in die Welt hinausschicken.

Das buchstäbliche „späte Glück“ bzw. „Erfolg im Alter“, das ist gar nicht so selten wie häufig angenommen.

Ich hatte die Ehre, den bereits über 80jährigen Leo Trepp als Professor und Mentor zu erleben. Und als er mit Mitte 90 noch eine hoch geschätzte und medial gewürdigte Rede vor dem Mainzer Landtag hielt, da hatte man den Eindruck, dass Gott oft erst im hohen Alter das gesamte Lebenswerk, das Antlitz des Verstehens und die Klugheit des Wissens vereint und vor aller Welt aufscheinen lässt.

Es ist gut, wenn wir früh anfangen, das eigene und fremde Talent zu fördern. Begabungen nicht nur als Schatz erkennen, sondern diesen auch heben. Ihn verteilen und ihn gleichsam positiv nutzen, und eben nicht verkommen oder verrotten lassen. Und es bereitet große Freude, persönliche Wege klug zu beobachten und dabei bewusst und engagiert Begabungen anzuwenden. Und auch andere dabei zu fördern, individuelle Neigungen zu erkennen. Den Schatz der Talente in konkretes Denken und Handeln umzumünzen.

Aber ich möchte hier jetzt besonders über ein Talent reden, über das wir alle verfügen, nämlich über die Fähigkeit, im Selbstgespräch das Gute und Förderliche zu nähren und zu fördern.

Und dabei gleichzeitig dasjenige eben bewusst nicht mehr zu nähren, was unser Leben und unseren Fortschritt, unser Reifen zurückwirft.

Ich habe manchmal beim Small Talk in christlichen Gemeinden den Eindruck, dass wir geradezu meisterlich verstehen, das Kritische und Nicht-Gelingende zu diskutieren anstatt uns über das Schöne und auch über die manchmal humorig-eigentümlichen Dinge zu freuen.

Der US-amerikanische Pastor Joel Osteen formulierte einmal:

„Feed your hopes, feed your destiny!“

Nähre deine Hoffnungen – also das Schöne – und tue alles, damit du deine Bestimmung voranbringst und diese förderst.

Feed your hopes: die Hoffnung auf Gottes Mitsein mit uns nähren.

Nicht den falschen Hoffnungen und trügerischen Aussagen von seltsamen Verheißungsagenturen sollen wir vertrauen, sondern dem untrüglichen, ewig wahren und verlässlichen Wort der Bibel.

„Feed your destiny!“: Bleiben wir bei dem, was wir als unsere Bestimmung erkannt haben und lassen uns nicht davon abbringen!

Hören wir noch einmal genau hin, ob Gott eine neue Etappenwelt für uns definiert, die wir anstreben können. Manchmal ziehen Wetter auf, und es macht mehr Sinn, das Segelboot in den nächsten Hafen zu fahren als mit der Brechstange scheinbar „notwendige“ Ziele durchzugeigen, die wir einst einmal als richtig erkannt haben.

Manchmal braucht es eine Ruheetappe, um unsere Ziele mittel- und langfristig zu erreichen und nicht kurzfristig Schiffbruch zu erleiden.

Aber manchmal heißt es eben auch: mit voller Kraft voraus, und es gilt, hinderliche Felsbrocken des Weges mit Mut wegzuräumen.

Wir können und dürfen uns lossagen von dem Hinderlichen, das uns in falscher Weise an Altes, Vergangenes sowie an eine Zukunft bindet, die eher Bürde als Würde, eher Last als förderliche Kraftquelle ist. Manchmal müssen wir mit Verve falsches Altes beenden. Und dem Wind des Geistes beherzt in die Zukunft folgen.

Sich los machen von dem, was beschwert und im Glauben nach vorne schauen: Dazu sollten wir uns wechselseitig immer wieder ermutigen.

Allzu leicht fallen wir in den Habitus, das Negative, das Vergangene zu füttern. Wir sollten die Gegenwart mit Hoffnungsmut nähren, denn sie ist Gottes Ort und sein Raum bei, mit und unter uns.

Wir sollten die Hoffnungen und Träume füttern, nicht die falschen Sorgen oder Fehlfährten, die wir als solche klar entziffert haben.

Ja, ich sage bewusst: *füttern*.

Denn wir haben alle zwei Tiger in uns.

Den dunklen, der uns mürbe und mutlos macht, wenn wir ihm Kraft und Macht geben.

Und den hellen, den wir leider oft so sträflich vernachlässigen, der uns aber voranbringt und beflügelt.

Ich denke an die vielen Menschen, die nicht über eine Trennung, über die Untreue eines Partners, über den Streit mit den Kindern oder Enkeln und nicht über das üble Wort eines Vorgesetzten wegkommen und die täglich in diesen Worten sowie in diesen Mishapps und Vorkommnissen schwelgen und darin leben.

Wer sich in den erlebten Missgeschicken im Denken einrichtet, der kommt nicht voran. Das heißt: den dunklen Tiger füttern.

Wer immer nur sagt: Mensch, ich habe das und das erlebt und mir wird und wurde übel mitgespielt und ich bin sowieso hoffnungslos.

Ich finde nie den richtigen Partner oder lande immer bei Loosern.

Ich kämpfe zwar täglich darum, aber ich kriege es einfach nicht wirklich hin, über diese oder jene Verletzung hinwegzukommen.

Ich kriege sowieso das Chaos, die Sorge, die Wut, die blöde Hast, den Ärger und diese Angst meines Lebens einfach nicht in den Griff.

Wer diese Schallplatte immer wieder neu auflegt und ihr Macht verleiht, der braucht sich nicht über eine missgestimmte Seele zu wundern. Die ist dann eben einfach da. Das ist ein Automatismus. Dunkel und frustriert, im schlimmsten Fall Gott und der Welt gram.

Eine Krämerseele, die der Wut und dem Gram Raum gibt, vergiftet unsere Gegenwart. Entledigen wir uns all der Depots in den Giftschränken unserer Seele, die wir manchmal im Übermaß genutzt haben. Ein Schlussstrich muss her. Denn allzu oft reichte auch schon die geringste Dosis – und das ganze Leben erschien wieder verseucht.

All dem Negativen den Abschied geben und Leichtigkeit einüben!

Geistliches Detox! Hemmungsloses Entgiften ist angesagt!

Hemmungslos wieder das Gefühl verspüren, frei zu sein!!!

„Warum können Engel fliegen?

Weil sie sich leicht nehmen."

Chesterton

Welchen Stimmen geben wir Gewalt?

Den harten, trübsinnigen und einfach dunklen?

Oder den hellen, die von Freundlichkeit und Glück nur so sprühen?

Welche Morgen- oder Tagesschallplatte darf´s denn heute sein?

Wie kann es doch in mir hell werden, wenn ich mich daran erinnere, dass Gott zu mir sein Lebenswort, sein Gnadenwort spricht!

Wenn ich höre und ganz gespannt bin, was Gott sagt.

Wenn ich morgens schon beginne mit:

Der Herr ist mein Licht und mein Heil!

Der Herr ist mein Hirte!

Der Herr ist meines Lebens Kraft!

Der Herr ist mein Fels!

Der Herr ist mein Mutmacher!

Wenn ich morgens Psalm 1 rezitiere, dann startet der Tag anders:

Wohl dem Menschen, der sich an Gottes Wort ausrichtet.

Er ist wie ein blühender Baum, der zahlreiche Früchte trägt und dessen Blätter nie welken. Und alles, was er tut, das gerät wohl.

Oder wenn ich mein Ohr diesen Zusagen widme und weihe:

Ich habe dich gerufen, du bist mein.

Sei getrost und unverzagt und harre des Herrn.

Der Herr ist meine Burg. Er ist mein Fels und mein Heil!

Der Herr ist mir erschienen von ferne: Ich habe dich je und je geliebt, darum habe ich dich zu mir gezogen aus lauter Güte.

Wer sich entsinnt, dass er von Gott wunderbar gemacht ist mit allem, was ihn ausmacht und was sein Leben bestimmt, der darf sich freuen.

Ich muss mich nicht den trüben Gedanken überlassen und hingeben.

Muss ich nicht! Ich muss nicht, um wieder im Bild zu sprechen, den dunklen Tiger und seine Neigungen und Ziele füttern.

Ich lege das Kontrastprogramm auf:

Ich bin von Gott, dem Schöpfer des Universums geschaffen; d.h. mit anderen Worten: ich bin ein ganz besonderes Unikat, sondergleichen.

Ich bin wunderbar geschaffen.

Das ist enorm selektiv: mich gibt´s nur einmal im Kosmos. Individuell verschieden von allen anderen Wesen und Individuen dieser Welt.

Und in diesem tollen Bewusstsein und Wissen mache ich heute das Beste aus dem Tag und hoffe auf Gott, vertraue ihm, seinen Zusagen, und glaube, dass er mit mir Gutes und Schönes und Heil im Sinn hat.

„I am fearfully made, I am one of a kind!“ Ich bin etwas Besonderes, weil Gott mich ruft. Das Siegel der Einzigartigkeit ruht auf uns.

Wir sind besonders, weil Gott uns einzigartig geschaffen hat.

Und wenn wir diesen Wert in uns verstärken, dass wir zum lebendigen Gott gehören und wir in seinen Augen etwas ganz Besonderes, Großartiges sind, dann lässt uns das stark werden.

Stark wie ein Löwe dürfen wir die Bühne des Lebens bespielen.

Das falsche Selbstwertbewusstsein kann und darf verschwinden.

Oder auch ein schwaches Selbstwertgefühl darf sich verflüchtigen.

Im Englischen klingt so etwas noch knapper und vielleicht noch einleuchtender.

„When you feed your value, your value will get stronger.“

Wenn ich die positiven Werte in mir nähre, dann werde ich robust.

Das Positive füttern, den hellen Tiger mit den ermutigenden Werten!

Dann kann ich den Stürmen des Lebens aktiv und beherzt entgegnen.

Egal, welcher Goliath auch auf mich zukommen mag. Ich bleibe stark!

Bei dieser Sache sollten wir nicht vergessen, dass wir eigentlich immer nur *einen* Tiger füttern können. Den Ärger und das Gefühl des Misslingens – oder die Zuversicht, die Hoffnung, das Kraftvolle!

„You can´t feed your history and your destiny at the same time."

(Joel Osteen)

Ich kann nicht sowohl dem Rückblick als auch dem Blick nach vorne zugleich frönen und meinen, alles sei roger und in Ordnung.

Fokus zählt. Feed your destiny!

Wer immer zurückschaut, kann sich nicht auf Künftiges fokussieren.

Wer nur im Rückblendenmodus dahinlebt, versäumt sein Leben gänzlich.

Das Bewusstseinspotential der Freiheit ist nicht kompatibel mit dem Regresspotential der Angst.

Das gilt für gesellschaftliche, politische und ökonomische Fragen genauso wie für die basalen Dinge, die einfach gestrickten Muster alltäglicher Entscheidungssituationen, denen wir ausgesetzt sind.

Es wäre gut, wenn wir den heutigen Tag dazu nutzen würden, alle Energie in unsere Bestimmung zu pumpen. Nähren wir das Gute, die Hoffnung. Entsagen wir den Angstspielen der Rückblickstimmen in unserem Inneren. Nicht in die Rückblendenmatrix investieren! Sondern in den Fokus auf Kommendes.

Der mutig-engagierte Vorausblick bringt uns voran!

In Deutschland leben wir oft mit der Glas-halb-leer-Metapher und deren abstrusen wie lebensverhindernden Realität und Wirkung.

Alles muss erst einmal kritisch zerredet und zerrupft werden, bevor man dann vielleicht doch noch das Gute entdeckt. Das gilt für die Politik, die Kulturarbeit, aber auch für das Miteinander im Kleinen. Und im Kleinen entscheidet sich ja häufig das Große.

„Das Leben besteht aus vielen kleinen Münzen,

und wer sie aufzuheben versteht, hat ein Vermögen."

Jean Anouilh

Im Kleinen entscheidet sich letztlich auch das große Gefühl von Glück oder Unglück, von Gelingen oder missratenem Dasein.

Im Kleinen geschehen wichtige Dinge.

Und das Mosaik des Lebens besteht nun mal aus kleinen Steinchen.

Dies gilt für so vieles: für die ritualisierten Umgangsformen, für Ehen und für Beziehungen, für Gespräche auf der Arbeit oder an der Universität. Das Kleine ist entscheidend: dies gilt auch bei manchen Timings. Eine Sekunde zu spät – und der Flieger geht ohne mich los.

Ist mir mal in New York so ergangen. Bedeutete einigen Umweg und das Kennenlernen eines weiteren Flughafens, da es keinen baldigen Direktflug gab. Umwege erweitern ja bekanntlich die Ortskenntnis.

Aber oft entscheidet das Timing über Wohl und Wehe einer Sache.

Und nicht immer wartet ein Ersatzflieger, der uns ans Ziel bringt.

Zurück zur Frage: halb leer oder halb voll?

Denken wir einmal außerhalb der Fragebox, gleichsam um die Ecke, und antworten mit den Worten:

man kann ja auch nachschenken.

Und am vollen Glas orientiert bleiben.

Aus der Fülle leben und genauso denken.

In Kategorien des überfließenden Bechers, nicht der Verlustangst.

Und man muss ja auch nicht notwendig immer jammern „Hach, schade, dass wir hier keine Glas-halb-voll-Stimmung besitzen!!!“.

Nachfüllen, Spaß haben, dem Leben wieder Energie verleihen.

Den überfließenden Becher entschlossen als Bild im Kopf behalten.

Und so ganz aus der Fülle leben, aus dem Mut zur Weite und Güte.

Angst beengt ja, beschneidet den Atem, macht dicht.

Doch ein Denken in der Fülle lässt unser Herz aufleben.

„Ich bin gekommen, damit sie das Leben in Fülle haben.“

So sagt es Jesus. Und so meint der das. Ernsthaft!

Statt einer Glas-halbvoll- oder Glas-halbleer-Philosophie künftig also:

Das Glas ist randvoll. Ja, es fließt über. Leben im Modus der Fülle.

Behalten wir das Bild vor Augen: im Glas ist immer genug drin!!!

Wie es in Psalm 23 so schön vom Gast am Tisch Gottes heißt:

„Mein Becher fließt über.“ Der ist randvoll! Und noch mehr:

Der Becher langt gar nicht ob der Fülle, die sich da entfaltet, und die Fülle ergießt sich immer wieder neu und lebendig über und in mir.

Sie fließt durch mich in die Welt, lässt mich ein Kanal der Fülle sein.

„I am putting my energy into my destiny!“

Volle Kraft voraus im Glauben, in der Liebe und der Hoffnung auf Gott, der sich in Christus geoffenbart hat und uns in ihm ein Zeichen seiner Liebe geschenkt hat.

In Christus kommt die Fülle, die Freiheit, das Leben selbst zu uns.

Und in seiner Fülle beginnen plötzlich neue Träume zu blühen.

Oder alte Träume kommen zur Entfaltung.

Wo sind deine Träume, die du bereits vergessen, verloren oder gar ganz bewusst beerdigt hast, die aber wichtig wären für die Zukunft?

Jesus sehnt sich nach von Herzen und mit allen Sinnen träumenden Christen, die es ernsthaft wagen, dem Glück eine Chance zu geben.

Die neu zu träumen wagen. Die sich etwas trauen und sich nicht klein halten – oder klein machen bzw. klein reden – lassen.

Als Goliath auf den Plan trat, da dachte Israel, dass alles vorbei sei.

Dem kann sicher keiner trotzen! Der ist zu stark.

Doch Gott hatte David. Seinen überaus großartigen Joker.

Gott hat ja immer noch einen Joker, wenn alles ausweglos erscheint.

Vertrauen wir doch seiner Kraft und Stärke!

Und vertrauen wir Christus.

Er ist die Kraftquelle unseres Lebens.

Er ist die eigentliche Bestimmung unserer Existenz.

„Als der Herr ist Christus das Haupt der Kirche, die sein Leib ist. Das ist der Kerngedanke des heiligen Paulus in dem großartigen soteriologischen, geschichtlichen und kosmischen Bild, mit dem er den Inhalt des ewigen Planes Gottes in den ersten Kapiteln der Briefe an die Epheser und die Kolosser beschreibt: ‚Alles hat er ihm zu

Füßen gelegt und ihn, der als Haupt alles überragt, über die Kirche gesetzt. Sie ist sein Leib und wird von ihm erfüllt, der das All ganz und gar beherrscht' (Eph 1,22—23). ,Denn Gott wollte mit seiner ganzen Fülle in ihm wohnen' (Eph 1,19): ,in ihm allein wohnt wirklich die ganze Fülle Gottes' (Kol 2,9). Die Apostelgeschichte berichtet uns, daß Christus sich die Kirche ,durch sein Blut erworben hat' (vgl. Apg 20,28; 1 Kor 6,20). Auch als Jesus, während er zum Vater geht, zu den Jüngern sagt: ,Ich bin bei euch alle Tage bis zum Ende der Welt' (Mt 28,20), verkündet er in Wirklichkeit das Geheimnis dieses Leibes, der aus ihm ständig die lebenspendenden Kräfte der Erlösung schöpft. Und die Erlösung wirkt weiter als Ergebnis der Verherrlichung Christi.

In Wahrheit ist Christus immer ,der Herr' gewesen, vom ersten Augenblick der Menschwerdung an, als Sohn Gottes, eines Wesens mit dem Vater, der für uns Mensch geworden ist. Aber zweifellos wurde er ,der Herr' in seiner ganzen Fülle durch die Tatsache, daß er sich selbst ,erniedrigte' (,entäußerte') und ,gehorsam war bis zum Tod, bis zum Tod am Kreuz' (vgl. Phil 2,8). Erhöht, in den Himmel aufgenommen und verherrlicht nach Vollendung seines Auftrags, bleibt er in dem Leib seiner Kirche auf Erden mittels der an den einzelnen und an der gesamten Gesellschaft mit Hilfe des Heiligen Geistes gewirkten Erlösung."

(http://www.clerus.org/clerus/dati/2000-04/12-10/19489.html, 04.02.2017)

Wer diesem erhöhten Christus vertraut, der braucht sich vor nichts zu fürchten. Auch die Angst ist besiegt. Er hat die Welt überwunden. Gefragt ist eine ehrlich-echte Herzenseinstellung. Wollen wir etwas aus Gier oder niederen Beweggründen heraus; oder sind wir bereit, uns ganz auf Gottes Willen einzulassen und uns von daher bestimmen, prägen und tragen zu lassen? Wo liegen unsere Prios?

Exzellenz und ehrliche Haltung, Würde, Hoffnung und Liebe, Wahrhaftigkeit und Glaube gehen immer Hand in Hand.

Das sollten wir nie vergessen oder uns abhandenkommen lassen!

Etwas wagen, das heißt: Neues beginnen mit Mut und Sinn.

Gott hat Spaß an Innovation. Liebe ist innovativ. Einfallsreich. Sie lässt sich etwas einfallen, um Gutes und Schönes zu schaffen. Um Glück zu bewirken.

Liebe ist einfallsreich und innovativ.

Und Gott ist Liebe. Also ist Gott innovativ.

Neues und Schönes wagen. Klingt so einfach. Muss aber immer wieder neu probiert, entwickelt und entfacht werden.

Manche Menschen lassen sich schnell kaufen von irgendwelchen Konsumversprechen. Schnell verführbar greifen sie zu.

Und wer wäre frei von diesen Versprechen, diesen Versuchungen, die geradezu allzeit um uns her herumschwirren und uns animieren, etwas zu kaufen, zu probieren zu konsumieren, was uns angeblich besser, schöner, herrlicher, weiser, optimiert dastehen oder wirken lässt.

Die bekannte Berliner Dermatologin und Ärztin Yael Adler weist darauf hin, dass viele Cremes, Seifen und Co. häufig mehr schaden als helfen. Und auch den ganzen Enthaarungshype für Männlein und Weiblein sieht sie durchaus kritisch. Zumal man somit schnell die körpereigene Klimaanlage gleichsam auf null stellt bzw. ausschaltet.

Wenn man diese Aussage der Berliner Fachfrau mit den horrenden Milliardenumsätzen der Hygiene-, Beauty- und Kosmetikindustrie und ihren oft haltlosen Versprechen vergleicht, ist das schon recht lustig.

Ein wohl überaus deutlicher Kontrast!

Ich will jetzt nicht mental in Ihre Chanel-Tasche, in den Nivea-, Dior- oder Bvlgari-Schrank greifen und sagen: keine Hautpflege mehr! Vielmehr möchte ich hier lediglich hinterfragen, ob wir nicht in vielerlei Dingen, auch in den so alltäglichen wie der Haut-, Körper-, Haar- und Bartpflege, doch irgendwelchen ach so komischen Versprechen aufsitzen, die Kaufentscheidungen und unsere oft seltsam falschen Überzeugungen markant und massiv steuern?

Klar, Kosmetik macht etwas mit einem.

Donald J. Trump ist bekannt dafür, dass er den Selbstbräuner-Teint durch eine Farb-Ganzkörperdusche hinbekommt. Was allerdings nebenbei das Pandabär-Augensyndrom verursacht, da bei dieser Dusche zum Schutz der Augen eine Brille Verwendung findet, die weiße Augenringe verursacht. Vielleicht wäre er ohne Kunstteint und Pandabär-Augen für manche Leute ein wenig attraktiver? Wer weiß.

Ich habe lange Jahre Parfums gesammelt und meine Haut und Haare sicher auch mit so manchem Duftwerk und aktuellen Trendprodukten aus diversen Kosmetikhäusern genervt. Ich mag edle Düfte, besonders, wenn sie einem nicht den Atem nehmen. Und insofern bin ich bzw. war ich durchaus auch Opfer dieser Beauty- bzw. Kosmetik-Industrie.

Bis dahin, dass ich mir Bücher von Guido Maria Kretschmer – und nicht nur seine Biografie – kaufe, weil ich seinen Modegeschmack schätze, und seine äußerst amüsanten Notizen zur Modewelt und ihren Käuferinnen mit einem Lächeln genieße. Ohne Werbung für „Eine Bluse macht noch keinen Sommer“ machen zu wollen: dieses Buch hat mich begeistert und mir so manches laute Lachen entlockt.

Die Beauty-Szene, die Mode- und Kosmetikwelt: das ist ein Areal, wo unglaublich viele Erfolgsversprechen montiert und auf die empfangswilligen potentiellen Kunden losgelassen werden.

Was haben sich nicht schon Menschen sündhaft teure, allergieerzeugende Cremes oder absolut unpassende Kleider und Hosen andrehen lassen, nur um das Versprechen von ewiger Schönheit oder angeblicher Eleganz auf die eigene Haut und in die persönliche Vita projizieren zu können. Ja: so manche Mode- und Kosmetik-Injektion geht daneben bzw. sie misslingt eben gehörig.

Ich finde das manchmal äußerst lustig, wenn bei der Promi-Shopping-Queen sehr bekannte Damen dieser Welt äußerst unpassende Dinge miteinander kombinieren und sich dann manchmal direkt selbst zum Gelächter und Gespött von Herrn Kretschmer machen. Aber Lästern gehört offenbar ein wenig zur Unterhaltungs-Republik dazu.

Wir waren dabei, den Punkt „Neues wagen, mit Mut und Sinn“ zu entfalten: Ich habe also kurz den Un-Sinn mancher Dinge, die wir kaufen oder wagen – oder uns vielleicht sogar manchmal verschulden, um sie zu bekommen – vor Augen geführt.

Aber wichtiger ist, was wir denn wagen können und wollen.

Es kann sein, dass mancher nach dem Gottesdienst gelangweilt nach Hause geht. Keine große Show, keine Aussage, die mich wirklich getroffen oder motiviert hat, keine Sachen, die mir „etwas bringen“.

In der Tat muss man selbst den Transfer hinkriegen von dem, was hier gesungen, gesagt, gedacht, vermittelt und innig gebetet wurde, hinein in die heimische Welt, in den schnöden Business-Alltag und in die Welten des persönlichen Gestaltens, Entscheidens und Erlebens.

Die Welt des eigenen Gestaltens und Wirkens ruht ja in aller Regel im Gottesdienst, es sei denn, man schreibt gerade ein paar Emails auf dem Smartphone oder ist bei der Gottesdienstgestaltung mit involviert oder im Kirchencafé-Team o.a.m.

Gottesdienst: das kann Atemholen für die Seele sein.

Hier können neue Impulse auf mich einprasseln, die gut tun.

Ein Gottesdienst ist in gewisser Weise „Time-Out", um Luft zu tanken für das alltägliche Geschehen. Und um Inspirationen zu erhalten.

Hier redet Gott zu uns!

Und wir dürfen Ohr sein für sein Wort.

Das Neue ist dabei eigentlich immer wieder das Eine:

Ganz und gar unseren Hör-Sinn auf das Reden Gottes ausrichten.

Das ist es, was uns oft zu unserem Glück fehlt!

Nicht das Sich-Bestätigen-Lassen der alten, bereits jahrzehntelang eingeübten Überzeugungen, sondern das aktiv-bewusste Hören auf das Reden Gottes, das in aller Regel auch Korrektur und eben „Neues" für uns im Sinn hat. Klar ist: wir brauchen Bestätigung und Ermutigung. Das liefert Gottes Wort auch.

Wir dürfen uns dessen versichern, dass wir Gottes geliebte, gewollte Geschöpfe, dass wir Königskinder des Schöpfers der Welt sind.

Aber wir dürfen auch davon ausgehen, dass dieser König höchstes Interesse daran hat, dass unser Leben mehr und mehr seinem Willen, seinem Wirken, seiner Liebe entspricht bzw. entspringt. Dass wir seinem Bild ähnlich werden und uns vom Geist Gottes leiten lassen.

Und dieses „In-Sein-Bild-Umgestaltet-Werden" ist ein Prozess, der an jedem Sonntag neu in uns anfangen und weitergeführt werden kann.

Lassen wir es zu, dass dieses Hören auf Gott auch und gerade Veränderung, Erneuerung, Verbesserung, Verwandlung und Korrektur unseres Lebens bewirken kann!

Eingebildet-Werden in das Bild Christi, das heißt auch, Abschied von Altem und vom Ballast des Vergangenen zu nehmen.

Und neue Bilder vor Augen zu haben.

Voller Hoffnung, Größe, Würde, Klarheit und Wahrheit.

Voller Mut, Ehrlichkeit und Kraft.

Bilder des Segens, die gut tun, die voran bringen, die auf der Hoffnung, nicht auf Enttäuschung aufbauen.

Die Frage lautet ganz einfach so:

„Was will er durch dich bewirken? Wohin führt dein Weg?

Wo und wie sollst du ein Segen sein? Er, der dich beruft, ist bei dir

und steht für dich ein. Alles, was er zusagt, ist schon dein."

(Hans-Joachim Eckstein)

Das Bild Christi vor Augen haben – das ist unsere Bestimmung.

Ihm nachzueilen, das ist eine schöne, eine besondere Sache.

Eine herrliche Aufgabe des Glaubens und unseres Lebens.

„Möge Christus dich beschenken,

mache er dich frei,

gebe er dir alles, was dich heilt.

In der Not sei er dein Retter,

der zur Hilfe eilt,

der sogar sein Leben mit dir teilt."

(Hans-Joachim Eckstein)

AMEN

Predigt 3

„Perspektivisch unterwegs“: Das Wort, das zur Ewigkeit anstiftet (Text: 1 Johannes 1)

Liebe Hörerinnen und Hörer, liebe Gemeinde,

das Wort Gottes ist eine große Kraft, die unser Leben verändern, auf eine gute Spur setzen und es darauf erhalten kann. Die heutige Predigt handelt von diesem Unterwegs-Sein mit Gott. Hören wir auf Worte des ersten Johannesbriefs:

„Die Grundlage christlicher Gemeinschaft

1 Was von Anfang an war, was wir gehört haben, was wir gesehen haben mit unsern Augen, was wir betrachtet haben und unsre Hände betastet haben, vom Wort des Lebens –

2 und das Leben ist erschienen, und wir haben gesehen und bezeugen und verkündigen euch das Leben, das ewig ist, das beim Vater war und uns erschienen ist –,

3 was wir gesehen und gehört haben, das verkündigen wir auch euch, damit auch ihr mit uns Gemeinschaft habt; und unsere Gemeinschaft ist mit dem Vater und mit seinem Sohn Jesus Christus.

4 Und dies schreiben wir, auf dass unsere Freude vollkommen sei.“

(1 Joh 1; Luther 2017)

„Was von Anfang an war ...“ Der erste Johannesbrief wird häufig zitiert, wenn es darum geht, dass Gott Licht und Liebe ist.

Und da Licht und Liebe vielleicht die wichtigste Nahrung unseres Lebens ist, haben wir es hier mit einem Kernelement neutestamentlicher Botschaft zu tun.

Gott will uns immer wieder an den Anfang führen.

Zu Christus, dem Anfänger und Vollender unseres Glaubens.

Wie es so schön bei Kolosser im dritten Kapitel heißt:

„1 Seid ihr nun mit Christus auferweckt, so sucht, was droben ist, wo Christus ist, sitzend zur Rechten Gottes.

2 Trachtet nach dem, was droben ist, nicht nach dem, was auf Erden ist.

3 Denn ihr seid gestorben, und euer Leben ist verborgen mit Christus in Gott.

4 Wenn aber Christus, euer Leben, offenbar wird, dann werdet ihr auch offenbar werden mit ihm in Herrlichkeit."

Und beim ersten Johannesbrief wird dann Christus als das Wort des Lebens beschrieben.

Als das Schöpferwort, das Leben verändert, verwandelt, erneuert und auf eine Segensspur setzt. Christus zu begegnen ist keine Pflichtübung, sondern eine schöne Herausforderung, der wir uns stellen dürfen. Die Aufgabe lautet: selbst diesem Christus immer ähnlicher werden zu dürfen. Kein Muss, ein Darf. Kein „Du sollst", sondern „Du hast diese einmalige Chance, dieses Vorrecht!".

Kein negativer Appell, sondern eine Art Imperativ der Liebe, der uns dazu ermutigt, dass wir der Hoffnung auf das ewige Leben und die Schönheit der Gottesliebe auch ein konkret-aktives Leben folgen lassen, das gerade diese Hoffnung zum Ausdruck bringt und klar, ehrlich und leuchtend zur Entfaltung kommen lässt.

„Was wir gehört haben …“

Das Hören ist ja ein großes Vorrecht. Und eine herrliche Sache.

Das merkt man meist erst, wenn man Probleme mit dem Hören hat.

Der erste Johannesbrief handelt u.a. von dem lebensspendenden Wort, das bereits unsere Herzen erreicht und diese für das Evangelium, für diese Froh-Botschaft entfacht hat.

Wir müssen von der Droh-Botschaft wegkommen und die Verkündigung im biblischen Sinne immer wieder als ein grandioses „Du bist eingeladen“ formulieren.

Wir sind eingeladen, der Gotteswirklichkeit Raum zu geben und selbst in den Strom der Hörenden einzutauchen, die hören und dem Hören Handeln folgen lassen. Die von Gottes Liebe sich ergreifen lassen und diese Liebe auch weitergeben, sie bei anderen entfachen.

Das Bekennen folgt dem Erkennen. Das Verstehen dem Angesprochensein. Das Tun dem Bewegtsein.

Und wenn wir als Hörende selbst zu Redenden werden, dann stehen wir in einem Strom von Tradition und Innovation.

Denn Hören ist immer ein aktuelles Geschehen, tagesaktuell und höchst innovativ. Es ist sozusagen unser Innovationsorgan – das Gehör. Hören bedeutet immer auch Erinnerung an vormals Vernommenes und Organisationsfläche für Künftiges.

„Der Mensch ist ein Hörwesen. Ein Wesen, das durchs Hören sein Sein bestimmt.

Im Hören entdecken, erobern wir Welt.

Die Weite der Welt zeigt sich im Wahrheitsort des Ohres. An dem Ort, wo Wahrheit sich 'zeigt', Richtung gewinnt und Welt verwandelt. Der Wahrheitsort dieser Welt ruht gleichsam im Ohr, hier beginnt, was Paulus 'Heil', 'Errrettung', 'Freiheit', 'neues Sein' nennt, hier nehmen 'Ewigkeit' und 'Gottesbegegnung' ihren Anfang.

Die Besinnung auf das Ohr als 'Heilsorganon' verweist uns somit auf die Basis, den Quellort allen Glaubens und Gottvertrauens."

(Thomas Nisslmüller, Homo audiens, Göttingen 2007, 8)

Der „hörende Mensch" (Lateinisch: *homo audiens*) steht in gewisser Weise im Fokus der Bibel, der Hörakt des Glaubens ist im Blickpunkt.

Die Welt ist in der Tat: Klang und Melodie; und: Hören ist Welt-Erkenntnis. Das Hören ist also in gewisser Weise eine Verstehens-Leistung. Im Hör-Akt organisieren und strukturieren Menschen Welt.

Hör-Akte sind Welt-Erkenntnis- und Welt-Entdeckungs-Foren.

Hör-Welten sind Eroberungsareale, Spielfelder der Aneignung.

Der hörende Mensch vermisst die "Welt dort draußen" in seinem Inneren. Denn durch das Hören kommt in den ganz individuellen Kosmos persönlichen Erkennens, Entdeckens und Deutens immer wieder das Fremde, das Andere und Neue der faktischen Welt.

Auf der inneren Akustikbühne unseres Ohres spielen verschiedene Stimmen und Instrumente, und der Appell, auf Gott zu hören, ist auch die Ermutigung, der Stimme des Lebens das Ohr zu leihen.

Ganz Ohr zu sein für das Reden Gottes.

„Höre, Jisrael! Adonai (ist) unser Gott; Adonai (ist) Eins.“

Das Schemá Jisraél (Deuteronomium 6,4; cf. Kap. 11,13-21), das „Höre, Israel“, wie wir es im ersten Testament lesen, ist das Grundbekenntnis des Volkes. „Höre, Israel, der Herr ist unser Gott, der Herr ist einer.“ Jahwe ist der einzig-eine Gott, der Regent des Universums, der Anker der Welt, der Schöpfer, der zu uns spricht.

Schemá Jisraél, JHWH Elohenu, JHWH Echad.

„Mk 12,29 lässt Jesus das Tora-Zitat (in griechischem Text) mit dem Schma_ Jisra'el, dem „Höre, Israel!“ beginnen: Höre, Israel! Adonaj, unsere Gottheit ist eine einzige. So liebe denn Adonaj, Gott für dich, aus deinem ganzen Herzen, aus deinem ganzen Leben, aus deinem ganzen Verstand und aus deiner ganzen Kraft. Wer sich auf das Wort Jesu beziehen will, wird in der Frage nach dem Hauptgebot also gerade so auf das Schma_ Jisra'el gewiesen, auf das, was Israel hören soll. Und auch der andere Teil des Hauptgebots, die Forderung der Nächstenliebe, besteht im Munde Jesu in einem Satz aus der Tora des Mose, dem „Liebe deinen Nächsten wie dich selbst!“ oder, wie man auch übersetzen kann: „Liebe deinen Mitmenschen, denn er ist wie du!“ Gerade hier wird es ganz deutlich: Das Neue Testament führt nicht aus dem Alten heraus, sondern in das Alte hinein.“

(Bibelarbeit von Jürgen Ebach auf dem 30. Deutschen Evangelischen Kirchentag vom 25. bis 29. Mai 2005 in Hannover unter der Überschrift: Hören auf das, was Israel gesagt ist – hören auf das, was in Israel gesagt ist, www.kirchentag2005.de/presse/dokumente/dateien/BAB_17_061.pdf, S. 5, 04.02.2017)

Auf Gott hören – ein Motiv der gläubigen Existenz.

Der hörende Mensch – ein biblischer Topos.

Und durchs Hören zum Bekennen finden.

Sich ermuntern lassen, von Gott zu sprechen, ihn bekennen.

„Höre! Der Herr ist unser Gott!“

„Als Bekenntnis werden die so beginnenden Worte von Jüdinnen und Juden bis heute zitiert. Eine entscheidende Besonderheit dieses Bekenntnisses ist, daß die, die ihren Glauben und dessen Basis in der geschichtlichen Erfahrung so bekennen und weitergeben, sich selbst in diesen Worten als Angeredete ausweisen. Wer so bekennt, bekennt zugleich, nicht Herr des Bekenntnisses, mehr noch: nicht Herr des Sprechens zu sein. Im weiteren Sinne ist jedes Sprechen ein Zitieren, wenn und weil die Spechenden ihre Sprache nicht erfinden, sondern finden. Das ´Höre, Israel´ beginnt mit eben diesen beiden Worten, d.h. mit einem Imperativ und einem Vokativ. Es zu re-zitieren heißt, der Struktur von Sprache selbst inne zu werden, nämlich der Sprache, ´welche weiß, daß am Anfang Vokativ und Imperativ stehen.´“

(Jürgen Ebach, Gott im Wort. Drei Studien zur biblischen Exegese und Hermeneutik, Neukirchen-Vluyn 1997, 83)

Ich bin angesprochen.

Ich bin gerufen.

Imperativ!

Ich bin von Gott angesprochen. Ich bin von Gott gerufen.

Gottes Imperativ.

Im Judentum gibt es ja die sogenannten Weisungen, 613 an der Zahl.

Das sind 365 *Ver*bote und 248 *Ge*bote.

365 mal wird für jeden Tag des Jahres – 365! – eine Grenze aufgezeigt, die wir auf des Lebens Weg zu unserem eigenen Heil nicht übertreten sollen, damit wir nicht vom Weg abkommen.

Es ist nicht schön, wenn man in einem tollen Leben steckt, sozusagen auf dem sonnigen Highway, in einem teuren Auto, und mit 180 km/h urplötzlich, aus Verachtung für die Grenzlinien, von der Fahrbahn abkommt. Grenzen, die Leben meinen und zum Leben anstiften.

Die Fahrbahnmarkierung lässt erkennen, wo es tödlich werden kann.

Man sollte darauf achten. Am besten ohne irgendwelche Aussetzer.

248 Gebote: damals war man der Auffassung, dass der menschliche Körper 248 Knochen hat.

Und man hat sozusagen für jeden einzelnen Knochen etwas, das er tun, das er in eine Handlung verwandeln soll. Diese 248 „Digits" markieren gleichsam Anleitungen, die auf dem Weg vom Hirn übers Herz bis zur konkreten Aktion unmissverständlich geboten sind.

Diese „Mizwoth" oder Weisungen waren also beides: Grenzmarke und Gelingensofferte.

Anweisungen, lebensspendende Grenzen zu sehen und zu wahren und zugleich aufmerksam zu sein für konkret sinnvolles und gebotenes Handeln. Zum Tun kommen. Nicht nur dem Denken frönen.

Es geht hier letztlich um eine „Vielfalt ohne Beliebigkeit" (Jürgen Ebach, ebda. 84), eben um ein Hören auf Gottes ureigenes und überliefertes, ursprüngliches Wort und um die Vielfalt dieses Wortes in seiner Wirkung in jedem einzelnen Leben.

Bekennen hat mit Verstehen und Begreifen zu tun.

Und mit dem Hineingenommensein in eine Gemeinschaft der Hörenden auf Gottes Reden und auf seine Weisungen. Eine Gemeinschaft von Menschen, die verstanden, entdeckt und begriffen haben.

Noch mehr, die selbst bereits ergriffen und verstanden sind.

Solche also, die sich und Gott nichts mehr vormachen müssen.

Die von Gott ergriffen, von ihm erkannt, geliebt, ja entdeckt sind.

Bekennen ist also auch eine gemeinschaftliche Leistung.

Ein kommunitär-überindividuelles Geschehen. Die Communio des Wortes, das Teilen des Hörens auf Gott ist sozusagen der Eck- und Ankerpunkt dessen, was Gemeinde im Kern ausmacht. Die Wort-Gemeinschaft markiert das Wesen christlicher Gemeinde.

In dieser Offenheit vor Gott, in diesem Bekenntnis zu leben, ist eine große Gottesgnade. Ein Geschenk. Und auch ein Habitus, den es je jetzt immer wieder neu einzuüben und am Leben zu halten gilt.

Offenheit braucht ein Kultiviertwerden.

Denn sie ist ja nicht selbstverständlich.

Und viele finden hierzu keinen Zugang.

Und manchen ist es nur unverständlich und gar töricht.

Offenheit für Gott, ihm sein Ohr ganz zu leihen in Hingabe: das ist Alltagsspiritualität, die eigentlich für jeden Christen Vorrecht und Praxis, Usus und unverkennbare Grundhaltung sein sollte – und darf.

Gottes Stimme wahrnehmen und ihr folgen, ist also beides: ein Erkennen, ein Entdecken einerseits; aber auch Gnade andererseits.

Eine Haltung und eine Chance, die wir immer wieder einüben und ergreifen sollten. Denn im Ohr-Sein kommt die Rückkopplung zum

Ursprung zustande, werden wir uns wieder neu oder erstmals vor Gott dessen bewusst, was wir sind: seine geliebten Kinder.

„Was wir gesehen haben … und verkündigen"

Die Bibel redet gerne davon, Gott zu sehen: ihn wahrzunehmen. Obwohl Gott nicht sichtbar ist.

Nicht sichtbar, nicht mit bloßen Augen zu sehen; aber er ist erfahrbar. Liebe, Güte, Zuwendung, die endlose Fürsorge Gottes für uns kann man spüren, immer wieder neu entdecken und ergreifen.

Liebe ist nicht nur ein Wort; sie ist auch eine Entscheidung!

Genau wie es eine Entscheidung ist, den Lebendigen, den auferstandenen Jesus Christus, mutig und beherzt mit Verve zu bekennen. Für ihn einzustehen, besonders in schweren Zeiten.

Gerade in denjenigen Zeiten, in denen das nivellierende Multikulti-Optionen-Gerede den Christen alles als machbar, möglich und – selbst die Glaubensüberzeugung – als „lediglich relativ" vor Augen hält; der Wahrheitstopos erscheint dann nur noch als eine von vielen Angebotsoptionen.

In Zeiten der falschen Relativität, in Zeiten auch eines offenbaren, kaum zu übersehenden politischen Werteverfalls – und nicht nur partiellen Werteverlusts! – ist es an der Zeit, Farbe zu bekennen.

Bevor wir uns von ideologischen Rattenfängern, von unguten Zeitgeistprophetien oder gar von der kämpferisch agierenden fremdreligiösen Wut überrennen und übertölpeln lassen, sollten wir zur Stärke und Bekenntniskraft eines Martin Luther zurückfinden.

Er wurde mit dem Tod, mit der Vernichtung bedroht und man hat ihm einen Maulkorb auferlegt. Oder es zumindest versucht.

Damals in Worms. Vor Kaiser und Reich. Im April 1517.

In der Nähe der heutigen Nibelungen-Festspiele-Kulisse.

Ausgerechnet in der Nibelungenstadt, die von der Tragik eines Siegfrieds weiß, beginnt der Siegeslauf des Mönchs Martin Luther.

Das Redeverbot bzw. seine Situation als vogelfrei erklärter Revoluzzer nutzte er, um etwas ganz Großes zu schaffen: die Bibelübersetzung für jedermann. Das Wort für den Bürger, frei zum Nachlesen.

Jeder sollte auf Deutsch die ungetrübte Stimme Gottes hören dürfen.

Die Schrift sollte kein Werk nur für die Exegeten der Geistlichkeit sein, sondern der Umgang mit ihr sollte allen Christen offen sein.

Eine große Innovation damals.

Eine Art Bildersturm gegen die herrschende Deutungshoheit durch die Geistlichkeit, die Offiziellen der Kirche und der Kurie.

Und wir dürfen dieses Wort jeder für sich in seiner Sprache heute zu Hause lesen, sonntags sogar gemeinsam entdecken und es bekennen.

Das hohe Vorrecht der privaten Bibellektüre können wir nicht hoch genug schätzen bzw. veranschlagen und sollten das Lesen der Biblia Sacra jedem ermutigend immer wieder neu ans Herz legen.

Das ist nicht nur die Aufgabe einiger Auserwählter, sei es der Hauptamtlichen, des Bibellesebunds oder einer Bibelgesellschaft. Das Bekenntnis, das mutig, mit Ernst und frohgemut von Christus spricht und dies ohne Umschweife predigt und vor Augen stellt, ist in der Tat das Innovative in Zeiten, in denen alles als relativ erklärt wird. Es geht nicht um eine falsche ideologische Kampfansage, sondern um ein klares, unmissverständliches Bekenntnis zu Christus, dem Herrn und Heiland dieser Welt.

Es geht um ein klares Eintreten, das Farbe bekennt.

Um ein Bekenntnis, das aus dem Erkanntwordensein folgt.

Ein Benennen der eigenen Zugehörigkeit zu dem Mann am Kreuz.

Zu Christus, dem Erlöser, dem Meister und Herrn, dem Freund und Liebhaber, dem Weg und dem Licht meines und Deines Lebens. Das meinte Martin Luther, wenn er von dem SOLUS Christus sprach.

„Dass Jesus Christus am Kreuz für die Sünde verblutet ist, das wissen auch die Teufel und zittern! Dass er aber für meine Sünde verblutet ist, damit beginnt der Glaube.“ So formuliert es Luther.

Solus Christus: Allein Christus. Einzig Christus. Am Kreuz von Golgatha ist Befreiung und Heil. Er ist der Erlöser.

„Solus Christus – Christus allein: Der Glaube hat eine Mitte. So unterscheidet sich Wichtiges von Unwichtigem. Unsere Gemeinden beschäftigen sich oft mit Nebensächlichkeiten. Es gibt Streit um die richtige Erkenntnis, um Musik, um Macht. Doch entscheidend ist allein Christus, der Mittelpunkt, um den wir uns sammeln. Wie viel Trennendes – auch gegenüber anderen Christen – wäre überwunden, wenn wir begreifen, dass Christus allein die Ursache allen Heils ist. Christus im Zentrum. Reformation dient dieser Konzentration.“

(Christoph Stiba)

Die anderen drei Soli – *allein* die Schrift, *allein* der Glaube, *allein* die Gnade – werden zusammengefasst und gebündelt im *Solus Christus*.

Christus ist der Horizont, vor dem unser Leben Farbe und Gewicht gewinnt.

Kolosser 3, Vers 3 sagt:

„In ihm – nämlich in Christus – liegen verborgen alle Schätze der Weisheit und der Erkenntnis.“

Und kurz darauf wird formuliert:

„6 Wie ihr nun angenommen habt den Herrn Christus Jesus, so lebt
auch in ihm, 7 verwurzelt und gegründet in ihm und fest im Glauben,
wie ihr gelehrt worden seid, und voller Dankbarkeit.

8 Seht zu, dass euch niemand einfange durch die Philosophie und
leeren Trug, die der Überlieferung der Menschen und den Elementen
der Welt folgen und nicht Christus."

(Kolosser 2,6-8; Luther 2017)

Allein dieser Christus ist Maßstab für unser Glauben und Leben.

Diese Erkenntnis ist Erkenntnis, aber auch Abgrenzung von allen anderen Erlösungsangeboten.

Sich mit Haut und Haar diesem Erlöser zu verschreiben, erlöst uns von allen Pseudo-Erlösungen.

Wie viele Heilsversprechen haben wir doch schon dezent unbewusst, unvoreingenommen oder einfach auch sehr bewusst geschluckt.

Weisheit wäre, alles zurück zu lassen und auf Christus zu blicken.

Alles hinter sich lassen – und alles auf Christus zu setzen.

Dem Wort der Wahrheit trauen, Altes vergessen.

Aus der Liebe zu Christus erwächst dann alles andere, was Sinn und klug macht. Allein Christus vor Augen haben. Ihm allein nachfolgen.

Den Blick auf Christus richten, damit beginnt ein Leben des Glaubens.

Jemand hat einmal gesagt:

„Für den Christen hängt alles davon ab, ob ihm das Bild Jesu Christi lebendig vor Augen steht – oder aber abgegriffen und matt ist.“ (Romano Guardini)

Das Bild Christi vor Augen haben, im Herzen tragen, unser Denken davon prägen lassen.

Das ist Lebensweisheit und Glück.

Einübung in Gottes Wirklichkeit.

Verlernen von Untreue und Angst.

Einüben der Gottesgegenwart.

Solus Christus!

Das würde der deutschen Nation, der deutschen Welt, der Bundesrepublik sehr gut stehen: Wieder anknüpfen an das kämpferische Überzeugungs-Credo von Luther.

Allein Christus ist die Mitte unseres Lebens, Denkens, Hoffens und Wollens.

Er ist der Herr des Lebens. Und er soll und darf auch Herr meines Lebens sein.

Das will ich immer wieder bekennen. Er, der Herr, ist mein Erlöser, mein Freund.

Noch einmal Luther:

„Das Leben eines Christen besteht aus persönlichen Fürwörtern. Es ist eine Sache zu sagen: ‚Christus ist ein Retter' aber ganz eine andere zu sagen: ‚Er ist mein Retter'. Der Teufel kann das Erste sagen, nur ein wahrer Christ das Zweite!"

Es ist schön, wenn jemand sagen kann:

Christus ist mein Retter, ihm vertraue ich.

AMEN

Predigt 4

Treue, die verlorene Tugend. Aussteigen aus der Untreue, Einsteigen ins konstante „JA“ zum „DU“

„Die Güte des HERRN ist's, dass wir nicht gar aus sind, seine Barmherzigkeit hat noch kein Ende, sondern sie ist alle Morgen neu, und deine Treue ist groß.“ (Klagelieder 3,22-23; Luther 2017)

„Untreu' schlägt gern', / Auf den eig'nen Herrn.“

Johann Nepomuk Vogl

„Treue gibt es nur in Freiheit.“

Sabine Hübner

Liebe Mitchristinnen und Mitchristen,

Gottes Treue ist jeden Morgen neu. Jeder Tag kündet davon. Seine Güte ist groß über uns. Und Treue ist ein Wesensmerkmal Gottes.

Treue und Untreue sind sozusagen die beiden widerstreitenden Mächte, die Beziehungen gelingen oder scheitern, brennen oder blühen lassen. Treue ist wie ein frischer Morgentau, der erquickt. Untreue dagegen ist wie Eiter in den Gebeinen, sie erstickt die Güte.

Treue ist eine Tugend, die viele vergessen, verloren oder bewusst gegen die wechselnde Vielfalt in Sachen Sex und Liebe eingetauscht haben. Der Wechselmodus erscheint für viele als einzige Konstante.

Wie schrieb doch kürzlich ein Autor als Titel über sein Buch (Dirk Revenstorf):

„Liebe und Sex in Zeiten der Untreue".

Untertitel: „Wege aus der Verunsicherung".

In der Marketing-Verkaufsanzeige heißt es dann weiter:

„Es herrscht Unsicherheit in Sachen Liebe und Sex, weiß Dirk Revenstorf aus seinem Alltag als Psychologe und Therapeut. Denn heute ist Sexualität allgegenwärtig. Die alten Konventionen stimmen nicht mehr, und alles, was Spaß macht, ist erlaubt. Selbst Untreue ist kein Tabubruch mehr. ‚Sind unter diesen Bedingungen Liebe und Sexualität in dauerhaften Beziehungen überhaupt noch möglich?', so fragen viele. Dirk Revenstorf ist überzeugt, dass die Paarbeziehung eine Zukunft hat. Er zeigt, wie wir all die Bilder, Erwartungen und Vorstellungen, die heute an uns herangetragen werden, hinter uns lassen und gemeinsam mit dem Partner eine erfüllte Beziehung entwickeln können."

Glück und Treue, Gemeinsamkeit, die von Gelingen geprägt ist, ist also nicht, besser noch: *keineswegs* bzw. *gar nicht* selbstverständlich. Sie möchte immer wieder neu entdeckt, erarbeitet und gewollt werden.

Untreue ist ohne Zweifel auch ein großes und vielbedachtes Themengebiet in der Heiligen Schrift. Treue, Untreue, gelingende Beziehungen: Ein Themenkomplex, der in den verschiedensten Kontexten auftaucht und vielen Schriften der Bibel eigen ist.

Der Gott der Treue trifft auf die Untreue der Menschen.

Auf die Heuchelei und Hinterhältigkeit seiner Geschöpfe.

Der Schöpfer wird belogen. Das beginnt schon im Paradies.

Der gefallene Mensch möchte Gott hintergehen, hinters Licht führen.

Die Hinterhältigkeit beim Vertuschen und Verdrängen eigener Fehler ist bereits hier ganz zu Anfang der Menschheitsgeschichte präsent.

Und so muss Gott zum Schneider mutieren und den Untreuen erst einmal ein „Mäntelchen“ basteln, um die Scham zu verdecken. Der Beginn der Haute-Couture startet also gleichsam beim sog. Sündenfall. Gottes erster Job mit den Menschen war nicht der Rausschmiss aus seiner Nähesphäre, sondern sein erster Job war der des Modedesigners. Mit Fellen. PETA würde hier wohl aufschreien.

„21 Und Gott der HERR machte Adam und seiner Frau Röcke von Fellen und zog sie ihnen an.“ (1. Mose 3,21; Luther 2017)

Auslöser der Untreue war der Ungehorsam, gefolgt von dem sich anschließenden Angst-, Vertuschungs-, Scham- und Schlechte-Gewissen-Spiel. Der Mensch steht schutzlos da; seiner Unschuld entkleidet. Und er wird von Gott mit einem Erste-Hilfe-Premium-Textil aus Echtleder ausgestattet und erhält so sein erstes Kleid.

Gott gibt seinen gefallenen Geschöpfen gleichsam textilen Schutz.

Mit zwinkerndem Auge formuliert Guido Maria Kretschmer:

„Als der liebe Gott Adam und Eva aus dem Paradies vertrieb, schenkte er ihnen zugleich die Mode! Vom schlichten Verhüllen ging es schnell über einige Etappen in den Hosenanzug."

(Ein Frühling macht noch keine Bluse. Geschichten aus dem Kleiderschrank, Hamburg 2014, 69)

Ob Eva von der verbotenen Frucht gegessen hätte, wenn sie die Bürden künftiger Modetrends und den ganzen Schnickschnack von Schönheits-OPs, Liftings, Make-up und optischem Feintuning bereits antizipiert hätte? Ganz zu schweigen vom Botox-Terror!

Untreue ist also ein von Anbeginn an in gewisser Weise „mitwabernder" biblischer Topos, ein Thema, das in der Tat erschüttert. Oder auch begeistert, geradezu in den Bann zieht.

Denn wir Menschen ergötzen uns ja oft mehr an demjenigen, was nicht gelingt. Das Kritische und das, was Häme erzeugt, fasziniert.

Die Nation liegt sonntags vor dem TV flach und glotzt innig Morde.

Wie morbide ist das denn, bitteschön!? Ob mit oder ohne Flachbildschirm. Tötung anderer als *Aufgeilungsmatrix* einer lahmen Psyche. Viele erliegen dem Kick und Charme des Tatorts.

Ist ja Tradition. Muss man wohl gucken. Family-Time für alle. Und es gibt sehr heiße Diskussionen, wenn man auch nur im Ansatz wagt, dieses TV-Format ein klein wenig kritisch zu reflektieren. Probieren Sie es einmal – man kann einen Heiden-Spaß haben. Nur braucht man dabei durchaus eine recht dicke Haut.

Der Weekendkult der Deutschen heißt: Relaxen beim Gucken der Aufklärung und Reflexion eines jeweils anders gelagerten Mordfalls.

Ein Blick in die mörderische Psyche der Deutschen, die eine nicht aufgearbeitete historische Vergangenheit am Fallbeispiel verarbeiten und selbst zum Super-Detektiv mutieren. Simon Baker lässt grüßen.

Scheinbar alle – oder zumindest die Masse – finden das unfassbar klasse.

Jeden Sonntag einen Toten. Und dann klären, wie das Mord-Rätsel zu lösen ist. Ein gelöster Fall ist der ideale Start in eine neue Woche.

Die Woche beginnt mit einem medial servierten und optisch steril in Viereck-Form verpackten Mord, dessen Blut nicht durch die Scheibe spritzt. Wenn uns Außerirdische dabei kommentieren müssten.

Ich möchte das gar nicht wissen! Ehrlich! Da hilft doch nur Humor!

Ohne jetzt noch viel weiter in die Medienkritik oder ähnliches abzudriften: Wir sind eine morbide Nation, die die Langeweile am Kaminfeuer mit den absurden Mordfällen kranker Drehbuchschreiber aufwiegt und sich im akribisch aufgeklärten Leid der anderen suhlt.

Wer hier noch von einer sauberen Psyche spricht, ist selbst schuld.

Pfui! So kann man das sehen. Und ich sehe das so.

Aber vielleicht ist das auch Geschmackssache.

Dass ich mir persönlich lieber irgendeine Komödie oder zum zehnten Mal Notting Hill, Pretty Woman oder ähnliches anschaue und dabei die romantische Seite der Welt erforsche, muss nicht jeder mögen.

Aber jetzt bitte nicht gleich mit Tomaten werfen. Ist ja auch nur eine Predigt. Also eine Redeform, die manchmal auch Wirkung zeigt.

Und manche Predigt ist ja dazu angetan, Wut oder Ärger hervorzurufen. Und TV-Kritik ist vielleicht nicht der ideale Themenboden für eine Predigt, die zu Herzen geht.

Aber Reaktionen auf Predigten, das ist schon eine auch für Forschungszwecke durchaus spannende Frage von Feedbackkultur.

Das Heftigste, was ich je erlebt habe, war die Reaktion einer Kollegengattin, die für ihr wild-freches Auftreten überall gefürchtet war. Die Ehe ging dann damals leider einige Zeit später auseinander.

Sie verabschiedete mich in einem gut besuchten Gottesdienst, in dem ich statt ihres Mannes auf der Kanzel stand – es war wohl ein Kanzeltauschsonntag – im Kirchen-Foyer mit den Worten:

„Deine Predigt war heute Scheiße!"

Ein recht heftiger Kommentar, wie man das wohl im Ruhrgebiet so kennt. Oder in Westfalen, was ich dann ähnlich damals so erlebte in Form von Verbalattacken in der Gemeindearbeit. Beim Streiten um die Wahrheit wurde da gerne mal echt die „Hacke" hervorgeholt.

Breitseiten-Rhetorik bin ich seitdem gewohnt und kann dem Ganzen auch eine gewisse Ehrlichkeit abgewinnen. Frei nach dem Motto:

Feinde muss man sich erarbeiten. Das ist also durchaus eine Leistung.

Wer beim Tatort-Kommentar eben etwas erregt war, der darf dann auch mal etwas Ungehaltenes denken oder äußern, auch wenn es vielleicht dann nicht gleich der Griff in die unterste Schublade der Fäkalsprache sein muss.

Es ist schon kurios, welche Fernsehgewohnheiten man im Laufe seines Lebens entwickelt und als Usus beibehält. Nur selten bricht man aus denjenigen Schemata aus, die man lange liebgewonnen hat.

Doch es gibt auch hier den Bruch mit gewissen Rhythmen des Schauens. Und manche Blickachsen verändern sich im Lebenszenit.

Oder wenn die Lust an diversen Inhalten abebbt.

Wie das auch im Privaten manchmal der Fall ist.

Da ist die Erdanziehungskraft über die Jahre mit im Spiel, und Frauen inszenieren dann oft die eigene Leiblichkeit als eine Art Martyrium.

Die Optimierungskosmetik und Schönheitschirurgie weiß, wie man Geld macht. Viele haben den Mut, den Körper zu pflegen, ohne ihn wild zu optimieren. Obwohl dagegen ja grundsätzlich nichts spricht.

In vielen Ehen werden diese Dinge nicht offen ausdiskutiert.

Manche Männer scheinen kaum fähig, ihren ehelichen Treueschwur im gelebten Leben zu bekräftigen, wenn die Lust zum Wechsel hochkommt. Und im schlimmsten Fall schaut der Partner dann nach etwas „Strafferem“ Ausschau. Das ist manchmal durchaus ein nicht zu unterschätzender Kleinkrieg in Beziehungen und bei Ehepaaren.

Die Gesellschaft hält sich oft im Strom der Pomiskuität auf.

Treue gilt als erwünscht, aber zugleich wird sie stigmatisiert als antik-verstaubt, weltfremd, leidenschaftsstörend und als ewig-gestrig.

Nicht wenige Christen fallen auf diese Denke herein und fallen. Fallen ab von ihren Überzeugungen und dem, was sie kennen und schätzen.

Die Untreue, der beherzte Hang zum Wechseln, scheint heute zu einer Art Sport für jedermann und „jederfrau“ geworden zu sein.

Wer es als letztes merkt oder sieht oder fühlt oder weiß, hat verloren. Und wird mit Häme bestraft. Mit Hintergangenwordensein.

Ein böses Denken. Auch unter manchen Christen. Ein morbides Spiel.

Untreue! Vor wenigen Jahren kam mit dem so betitelten Buch von Paulo Coelho ein Welt-Bestseller heraus. Und als ich im Bekanntenkreis von einer Frau hörte, dass sie das Buch „ganz klasse und toll“ fand, sie selbst aber nebenbei offenbar das Fremdvögeln und die Untreue gleichsam erfunden zu haben schien, wie ich später erfuhr, da war mir dann doch recht klargeworden, wie weit es nun mit unserer aktuell-promiskuitiven Gesellschaft gekommen ist.

Untreue – da muss man nur einen Abend lang durch die privaten oder öffentlichen Sender zappen – und man bekommt pausenlos diesen Topos aufgetischt. Mal mehr, mal weniger appetitlich.

Halten wir also fest: Untreue markiert bzw. umreißt eine urmenschliche Thematik und Problematik, die wir hier vor uns haben.

Wo Untreue ins Spiel kommt, da wird es immer – ich betone: immer! – problematisch. Da gibt es Hürden, die schier unüberwindbar scheinen.

Die Action-Liebeskomödie Mr. & Mrs. Smith aus dem Jahr 2005 mit Brangelina – Brad Pitt und Angelina Jolie – singt in gewisser Weise ein lautes Lied davon. Und dass die beiden Hauptdarsteller dann ähnlich brutal im richtigen Leben nach langer Beziehungskarriere ihr Ende inszeniert haben, ist verblüffend, aber doch schauerlich-wirklich.

Untreue gibt es nicht nur bei Hollywood-Diven, sondern auch nebenan. Hollywood scheint überall zu sein. Nicht nur in Kalifornien!

Im ganz normalen Leben. In und jenseits der Gemeinde.

Und Untreue und Frömmigkeit sind ein schlechtes Paar.

Untreue ist ein Thema von der Wiege bis zur Bahre:

Das boshaft-willentliche Zufügen von Ungerechtigkeit kann man beim Zanken und Kämpfen oft schon bei den Jüngsten entdecken. Untreue beginnt nicht erst mit der Geschlechtsreife oder dem sog. Fremdgehen. Was ja so harmlos klingt, aber Welten in Brand setzt.

Von ungehorsam-gemeinen Kindern bis zu flatterhaft-fremdamourösen Alten gibt es alles. Komisch und absurd wird es dann, wenn verheiratete fromme Alte Jagd auf junge Damen machen.

Das zu beobachten ist grässlich. Um nicht zu sagen: äußerst widerlich. Habe ich schon mehrfach gesehen.

Doch von der Seniorenliga zurück zur Sandkastenwelt:

Die Brutalität, die man bei Kindern im Spiel manchmal beobachten kann, zeigt, dass Menschen von Natur aus zu einigem fähig sind.

Die Brutalität der Kleinsten wird manchmal nur noch von der Gemeinheit seniler Alpha-Personen getoppt, die Macht und Territoriumsanspruch markieren wie Hunde ihr Terrain zeichnen.

Untreue – ein durchaus lebenslanges Phänomen.

Und die Palette und Skala der Untreue-Optionen ist groß.

Im Privaten, bei der Arbeit, im Denken und im konkreten Handeln.

Bei Banken und Kreditgebern weltweit.

Bei Automarken, die lieber täuschen und betrügen als aufzuklären.

Im Zirkus der politischen Clownerie, Travestie und Hysterie.

Im Medienwald von Blindfisch-Medien bis zu den großen Blättern.

Ganz zu schweigen von den sog. Fake News und Fake Mails etc.

Untreue – man wagt es kaum zu sagen: wie viele Zwangsprostituierte jedes Jahr in Deutschland arbeiten müssen, weil sie aus dem Ausland angelockt wurden und hier von ihren Zuhältern dann mit der bitteren Wahrheit konfrontiert werden, dass der Job eben kein Model-Job oder ähnliches, sondern mit Gewalt erzwungene Anschaffe ist.

Mit wie viel Lügen wird in dieser Welt doch Leid und Böses bewirkt.

Unfassbares Leid, das auf Menschen und über eine ganze Nation kommt, weil in diversen Branchen endlos gelogen, geschoben, untreu agiert und einfach nur betrogen wird. Unfassbar, was in Deutschland geschieht. Wobei wir vieles gar nicht wissen oder gar wissen dürfen.

Untreue, ein Thema, das in der heutigen Gesellschaft fest verankert zu sein und in vielem gar keine echten Gegner zu kennen scheint.

Untreue gilt als eine Art Inszenierungsmetapher mit Werthaftigkeit.

Die offensichtlichen Lügen und Fake-Wahlversprechen im Politischen will man hier erst gar nicht erst auflisten oder näher einspielen.

Wie bereits mehrfach hier angeklungen: Untreue ist in der Bibel ein Dauerthema, stets präsent von der Genesis bis hin zur Apokalypse.

Vielleicht ist sie mutatis mutandis *das* Thema der Bibel schlechthin.

Ein Thema, auf das Gott antworten muss.

Nehmen wir etwa den Propheten Hosea:

Hier wird ein ganzes und sehr bedeutendes prophetisches Buch dem Thema Treue/Untreue gewidmet.

Der Prophet Hosea muss etwas schier Unfassbares tun: Er soll auf Gottes Geheiß eine Prostitutierte namens Gomer, Tochter des Diblajim (wohl eine sog. Tempeldienerin oder Hure am Heiligtum), zur Frau nehmen.

„Der Kirchenvater Hieronymus z.B. interpretiert den Namen ‚Gomer' in seinem Hoseakommentar als ‚vollendet (in ihrer Hurerei)'. Der Babylonische Talmud, Traktat Pesachim 87a-b, merkt an, dass ‚Gomer' eine Charakterdarstellung der treulosen Frau und nicht ihr wirklicher Name sei. In der späteren rabbinischen Literatur kann die Wurzel *gmr* auch jemanden bezeichnen, der die sexuelle Lust anderer befriedigt. Der Herkunftsname ‚Diblajim' stellt nach E. Nestle und W. Baumgartner den Dual des Substantivs *dəbelah* ‚Feigenkuchen' dar, was sie im Sinne von ‚(eine Frau, die) für zwei Feigenkuchen billig zu haben ist' verstehen. Schon Johannes Calvin hatte in seinen Vorlesungen über Hosea auf den möglichen Zusammenhang zwischen dem Wort *dəbelah* und verrottenden Feigen hingewiesen."

(Claudia Bergmann, in: http://www.bibelwissenschaft.de/wibilex/das-bibellexikon/lexikon/sachwort/anzeigen/details/gomer/ch/bf4e0d9f301439fa55f49a482db746f9, 17.03.2017)

Gomer, die billig zu habende Frau.

Und er zeugt mit ihr drei Kinder, die alle drei mit der Untreue des Volkes sowie mit der Treue Jahwes zu diesem Volk zu tun haben.

So erhalten alle drei Symbol-Namen, die mit dem Geschick des Volkes verbunden sind: Jesreel, Lo-Ruchama und Lo-Ammi.

Jesreel: eine historische Rücklende.

Lo-Ruchama: „Nicht begnadet“.

Lo-Ammi: „Nicht mein Volk“.

Namen, die Kritisches anzeigen.

In Kapitel drei muss Hosea dann eigentlich das Gegenteil tun: eine weitere untreue Frau kaufen, sie aber sexuell eben gerade nicht berühren: „In Hos 3 berichtet Hosea, dass er erneut eine untreue Frau heiraten muss, um Gottes Leiden an der Untreue Israels biografisch abzubilden. Diesmal zeugte er keine Kinder mit ihr, sondern lebte enthaltsam, um dem Volk zu zeigen: So werdet auch ihr ohne König, Opferkult und Religion leben, bis JHWH euch wieder annimmt.“ (https://de.wikipedia.org/wiki/Hosea, 04.02.2017)

Dieses kurze Kapitel endet mit dem Vers:

„Danach werden sich die Kinder Israel bekehren und den Herrn, ihren Gott, und ihren König David suchen und werden mit Zittern zu JHWH und seiner Gnade kommen in der letzten Zeit.“

Untreue und Treue. Eine Art never ending story im ersten Testament.

Treue ist ...

Blicken wir an dieser Stelle einmal auf den Bedeutungshorizont und Werdegang des Wortes Treue. Hier lässt sich festhalten:

> **Treue** (mhd. *triūwe*, Nominalisierung des Verbs *trūwen* "fest sein, sicher sein, vertrauen, hoffen, glauben, wagen") ist eine Tugend, welche die Verlässlichkeit eines Akteurs gegenüber einem anderen, einem Kollektiv oder einer Sache ausdrückt. Sie basiert auf gegenseitigem Vertrauen beziehungsweise Loyalität, ist aber nicht der Beweis dafür, dass der Gegenstand der Treue ihrer auch würdig ist (vgl. Nibelungentreue). Rituell wird sie durch Gegenstände der materiellen Kultur symbolisiert und ein Treueschwur besiegelt, z.B. durch einen Ehering. Darüber hinaus sind der Hund, das Sinnbild des Ankers und die Farbe Blau bildliche Symbole für den Begriff Treue.
>
> Sprachlich verwandt mit dem Begriff der Treue sind die Begriffe Vertrauen (englisch *trust*), Trauung und die Verben *s. etw. trauen, jmd. etw. zutrauen, jmd. mit etw. betrauen* sowie engl. *true* "wahr". Einige romanische Sprachen haben das Wort in der Bedeutung "Waffenstillstand" (ital./span. *tregua* oder frz. *trêve*) entlehnt.
>
> Das Gegenwort zu Treue ist "Untreue". Den Vorgang des Verstoßes gegen die Treueabsicht sowie das dadurch hervorgerufene Ergebnis bezeichnet man als "Treuebruch". Geschah der Treuebruch im Rahmen eines Bündnisses aus niederen Motiven oder durch Vortäuschung von Treue mit der gezielten Absicht, den Treueverbundenen dadurch zu schädigen, so spricht man von Verrat.

(https://de.wikipedia.org/wiki/Treue, 29.01.2017)

„Es ist ja offenbar keine Naturgegebenheit, dass der Mensch die Kraft zur Treue hat. Der Mensch als solcher neigt eher zur Haltlosigkeit.

Wenn das aber so ist, wo liegt dann die Quelle der Beständigkeit? Niemand kann fest stehen, wenn der Boden unter seinen Füßen schwankt. Niemand kann andere halten, wenn er selber fällt. Niemand kann verbindlich leben, ohne selbst zuverlässig gebunden zu sein. Und da kommt der christliche Glaube ins Spiel, weil er uns teilhaben lässt an der Festigkeit und Treue Gottes. Denn auf wen kann man sich stützen, wenn man selbst schwankt? Wer hat den langen Atem, der uns oft fehlt? Wer bliebe sich gleich, während die Jahrzehnte vergehen – wenn nicht Gott? Die Umwelt, in der wir leben, die Menschen, die wir kennen, und das Haus, das wir bewohnen – das alles verändert sich im Laufe der Jahre. Auch wir selbst bleiben nicht die, die wir früher einmal waren. Mit der Zeit verlieren wir Illusionen und gewinnen Erfahrungen, wir ändern unsere Ansichten und Gewohnheiten – von den Schwankungen der Gefühle gar nicht zu reden. Die Beständigkeit, die wir so nötig brauchen, kann darum nur von Gott kommen, der als einziger unwandelbar ist, und unserer menschlichen Treue das beste Vorbild gibt." (Dr. T. Gerlach, s.: www.evangelischer-glaube.de/christliche-ethik/109-treue, 29.01.2017)

Neben persönlicher Integrität, nachhaltiger und sexueller Treue zum Partner kommt sicher auch eine psychische Treue mit ins Spiel. Sie ist entscheidend wichtig, ja wesentlich für eine Du-Relation. Wer zwar immer einen auf „Ich war immer treu" macht, aber jedmöglichen Flirt riskiert, um seine Ehefrau oder den Ehemann kirre und angefressen zu stimmen – das kann´s dann irgendwie auch nicht so wirklich sein!!!

Klar, wir leben in flirtintensiven und auf die Untreue gepolten Zeiten.

Und Treue wird meist erst nach vielen Jahren als ein guter, wichtiger, bleibender Wert erkannt. Als Haltungsmatrix, die das Handeln prägt.

Wie wohltuend und erquicklich kann es doch sein, wenn Treue verbindet und nicht bloß temporär gestrickt ist oder gar locker und unverbindlich in sog. sequentielle Bindungsmuster eingepasst wird.

Wenn Treue die Verhaltensmatrix und die Grundstimmung ist – wie schön! Treue bereichert das Leben, macht Zusammenhalt wertvoll.

Treue ist ein Hort, in dem man sich bleibend wohlfühlen kann.

Dazu gehört auch Treue zur Erinnerung, ein in der Tat biblisches Thema. Sich der Taten Gottes im eigenen Leben, in der bisherigen Biographie immer wieder zu erinnern, darin zu ruhen lernen. Und daran denken, was man mit Gott und vor Gott und durch Gottes Gnade erlebt – und wo Gott einen gerufen, gewarnt, geführt hat.

„Sod Ha-Ge´ula Hu Sikkaron", so lautet ein hebräisches Sprichwort:

Übersetzt heißt das:

„Das Geheimnis der Erlösung liegt in der Erinnerung."

Anders gewendet: „Der Geheimnisort Erinnerung sprengt die Fesseln, befreit zum Heute und zum aufblickenden Leben."

Der Erinnerungsblick schenkt Kraft für die Bewältigung des Heute.

Und Mut, sich dem Morgen beherzt zuzuwenden – ohne Sorge.

Das Gute, das erinnert wird, verleiht Energie und macht Mut.

Es ermutigt, ähnliches oder noch besseres heute zu erleben.

Erlösung will erinnert werden. Erlösung eröffnet den Raum der Freiheit. Denn im Erinnern kommt die Kraft der Erlösung zu uns.

Jana Highholder intoniert in ihrem PoetrySlam Staffellauf:

„Sieh dein Leben an und sag mir dann
Was treibt dich voran?
Wo ist dein Ziel
Und wo kommst Du an?
Die Zeit, die läuft
Und irgendwie laufen wir mit.
Keine Ahnung wie
Aber irgendwie halten wir Schritt.
Wofür – kann mir trotz tausender Fragen
Keiner hier sagen.
Wir kommen nicht voran.
Wir dreh´n uns im Kreis
Doch eigentlich ist das Kreuz
Der lebende Beweis
Dafür dass
Tag und Nacht
Leben und Tod
Dieser Kreislauf
Dass er Sinn macht
Leben ist Christus
Darum bringt Sterben Gewinn
Und er sagt zu dir
Mein Kind
Hör gut hin

Bedenk:

Jeder Tag ist ein Geschenk

Jeder Herzschlag von mir gemacht

Und jedes Lächeln hab ich auf Deine Lippen gebracht" usw.

(Jana Highholder, aus Ihrem PoetrySlam „Staffellauf", s. unter: www.youtube.com/watch?v=8kTA6urSes8, 04.02.2017; als Track 11 des Hörbuchs „aufwärts", erschienen bei Gerth Medien)

Christus, das Schöpferwort, durch den wir existieren.

Jedes Wort hat er auf Deine Lippen gebracht! Jedes einzelne Wort!!

Und unsere Sprache soll von seiner Schöpferkraft durchwebt sein.

Unsere Worte können so zu Himmelsleitern für andere werden.

Das Wort der Wahrheit ist er, der Herr, der Heiland.

Christus ist unser Leben, unser Sterben, unser Gewinn.

Er ist der Herr der Welt. Und natürlich auch unser Erlöser.

Ihn gilt es vor Augen zu halten.

Wie schreibt doch Paulus an Timotheus, seinen geliebten Adjunktus:

„Behalt im Gedächtnis Jesus Christus ..." (2 Tim 2,8)

Also: Bleib bei dem Heiland, der dich ruft und der dich begabt.

Erinnere dich, wer Christus ist, was er getan hat, was er heute ist.

Wie seine Gegenwart dein Herz und deine Gedanken berühren kann.

Sich erinnern, dass er das Licht der Welt und auch mein Licht ist.

Sich erinnern, dass er Weg, Wahrheit und Leben ist. Auch für mich.

Sich erinnern, dass er die Auferstehung und das Leben ist.

Nicht nur gestern. Auch heute! Auch für mich! Allezeit!!!!

Treue und Erinnerung, Treue und Gedächtnis, sie gehen Hand in Hand. Das gilt nicht nur für den erinnerten Verlobungs- oder Hochzeitstag. Unterlassene Erinnerung – das Vergessen, absichtlich oder entspannt-beiläufig – kann zu äußersten Spannungen führen.

Das mögen manche bereits für sich leidvoll durchbuchstabiert haben.

Und im besten Fall zieht man daraus dann wohl sinnvolle Schlüsse.

Erinnern tut gut und kann Herzen auf Dauer miteinander verbinden.

„Erinnern“, das klingt entspannt und fast anstrengungsfrei.

Doch Erinnerung bzw. Treue, das ist etwas, das auch in die Pflicht nimmt. Verantwortung und Treue gehören wie Geschwister ganz eng zusammen. In Zeiten der medial dauerinszenierten, stets präsenten Untreue erscheint das Sich-Wegstehlen aus und Sich-Entledigen von aktiver Verantwortung oft als gesetzt, erwartet, eben „normal“.

Zwar ist dies gewiss alles andere als gut oder gewünscht; kaum angenehm oder sinnvoll. Aber offenbar häufig die angewandte Regel.

Dazu drei Zitate. Zunächst recht heftig:

„Es gibt nur einen einzigen wirklichen Größenwahn – der Glaube eines Mannes an die Treue einer geliebten Frau.“

Peter Altenberg (1859 - 1919), österreichischer Schriftsteller

Dann gefällig:

„Wenn einem die Treue Spaß macht, dann ist es Liebe." –

Julie Andrews (1935 -), britische Film- und Theaterschauspielerin, Tänzerin, Autorin und Sängerin

Und leider die Realität:

„Das Herz einer leichtlebigen Frau gleicht der Rose, von der jeder Liebhaber ein Blatt abreißt. Dem Gatten bleibt nur der Dorn." - Sophie Arnould (1744 - 1802), französische Schauspielerin

(cf. www.liebewohl.de/inhalt/untreue_zitate.htm, 09.02.2017)

Dass Männer sich oft aus der Verantwortung stehlen, ist schon seit den Tagen von Wilhelm Buch, eigentlich schon seit jeher, bekannt:

> „Vater werden ist nicht schwer, Vater sein dagegen sehr. Ersteres wird gern geübt weil es allgemein beliebt. Selbst der Lasterhafte zeigt, dass er gar nicht abgeneigt; nur er will mit seinen Sünden keinen guten Zweck verbinden, sondern, wenn die Kosten kommen, fühlet er sich angstbeklommen.
>
> Dieserhalb besonders scheut er die fromme Geistlichkeit, denn ihm sagt ein stilles Grauen: das sind Leute, welche trauen."
>
> *Wilhelm Busch*

Wie dem auch sei! Treue ist nicht immer der Normalfall. Doch Treue ist etwas, das in den Kleinigkeiten und auch bei wesentlichen Dingen eingeübt werden muss, damit diese Tugend auch zur Haltung wird.

Honoré de Balzac (*1799 in Tours; †1850 in Paris, französischer Schriftsteller) formuliert: „Die Behauptung, ein Mann könne nicht immer dieselbe Frau lieben, ist so unsinnig wie die Behauptung, ein Geigenspieler brauche für dasselbe Musikstück mehrere Violinen."

Das gefällt mir!

Die Bibel kennt den Stellenwert echter, gelebter, aufrichtiger Treue, die frei ist von Eigennutz und dem permanenten Schielen nach etwas „scheinbar Besserem":

„'Wer im Geringsten treu ist, der ist auch im Großen treu; und wer im Geringsten ungerecht ist, der ist auch im Großen ungerecht', steht in Lukas 16, Vers 10 geschrieben. Wer in seinen Gedanken untreu ist, der ist auch in seinen Worten untreu (Jakobus 3,5). Wer in seinen Worten untreu ist, der ist auch in seinen Handlungen untreu. Und wer mit Irdischem untreu ist – wer will ihm Wertvolleres anvertrauen? ‚Wenn ihr nun mit dem ungerechten Mammon nicht treu seid, wer wird euch das wahre Gut anvertrauen?' Lukas 16,11" (www.christliche-weisheiten.de/treue-in-kleinigkeiten-ist-keine-kleinigkeit-1095, 29.01.2017)

Treue ist für viele Menschen keine Selbstverständlichkeit mehr. Für manche dagegen schon. Schön, dass es heute noch immer ernsthaft-ehrliche Christen und generell Menschen gibt, die treueorientiert sind und das nicht nur auf einer Partnerbörsenseite behaupten.

Im Verkehrsmodus des digitalen Selbst-Verschacherns von Menschen ist die Lüge oft eine Maske, die lockt und hinters Licht führt. Hier ist es wie im richtigen Leben: man muss die Spreu vom Weizen trennen.

Treue muss eingeübt werden. Sie ist weithin alles andere als der Regelfall. Und in unseren Breiten meist eben nicht die gelebte Norm.

Sondern besonders. Beneidenswert besonders. Nämlich göttlich.

Extraordinär. Außergewöhnlich. Heilig.

Treue zu üben ist gewissermaßen eine Einübung in die Ewigkeit.

Denn Treue ist die Ewigkeitskunst schlechthin.

Ich weiß von einem Mann, dessen christliche Frau, die ihn mehrfach betrogen hatte, bevor sie sich trennten, immer wieder während der jahrelangen Beziehung sagte und fragte: „Was meinst Du? Ob wir mal im Himmel da oben dann einmal nebeneinandersitzen werden?“

Was war das doch für eine grausam- bösartige Heuchelei!

Auch Christen können unsinniges Zeug reden! Und lügen.

Der flippige und recht „schwankelmütige“ Zeitgeist liebt das untreue Verhalten mit wechselnder Vielfalt und enormer Angst vor dem Bleiben. Treue dagegen hat mit Mut zum Ausharren, zum Verweilen, zum Bleiben an der erkannten Wahrheit und Überzeugung zu tun.

Wahre Treue bekennt und bleibt. Sonst ist sie nur Fake.

Fake-Treue ist sozusagen das Gegenteil von Verlässlichkeit.

Ausgeburt des Unzuverlässigen und damit zutiefst beleidigend.

Untreue entzieht dem Gemeinsamen den Boden unter den Füßen.

Echte Treue dagegen ist mit der Wahrheit vertraut und pflegt guten Umgang mit ihr. Wahrheit, Mut und Treue sind Geschwister.

Sie ergänzen und komplementieren einander. Und mit der Wahrheit eines konkreten Du, mit dem Mut zu dieser Wahrheit, beginnt die Treue. *Das Du-Sagen ist ein permanenter Prozess des Miteinanders.*

Treue muss eingeübt werden. Einmal, zweimal und dann immer wieder neu. Und sie beginnt bereits im Herzen; nicht erst mit Taten. Tief drinnen im Herzen, in unseren Gedanken und in den Gefühlen. Sie fußt nicht auf Gefühlen, aber Gefühle spielen hier durchaus mit.

Bereits der Talmud formulierte voller Weisheit:

„Achte auf Deine Gedanken, denn sie werden Worte.
Achte auf Deine Worte, denn sie werden Handlungen.
Achte auf Deine Handlungen, denn sie werden Gewohnheiten.
Achte auf Deine Gewohnheiten, denn sie werden Dein Charakter.
Achte auf Deinen Charakter, denn er wird Dein Schicksal."

Treue muss eingeübt werden.

Wie sagt doch so schön Francis Bacon (1561-1626):

„Gewohnheit allein ändert und bändigt den Charakter."

Und die passenden Gefühle folgen bekanntlich häufig den Treue-Gedanken und den entsprechenden Gewohnheiten, den Habits und Taten. Oft fängt Gutes mit einem bewusst-konsequenten Einüben an.

Gewohnheit allein ändert den Charakter!

Und auch eine Herzens-Bekehrung, die sich bewusst Gott zuwendet.

Alles andere bleibt doch in der Regel nebensächliches Scharmützel!

Neue Gewohnheiten verändern unser Leben. Sie bewirken etwas!

Auch die Treue zu Gott ist so gestrickt.

Herz und Hand, Gedanken und Tat müssen zusammenfinden.

Neues muss stetig, bewusst und mit Herz und Hirn eingeübt werden.

Das ist nicht immer leicht – und ein letztlich fortwährender Prozess.

Der Gottesdienst ist eine Erinnerung an diese Einübung der Treue zu Gott sowie auch eine Erinnerung der Treue Gottes zu uns. Wir besinnen uns auf seine Zusagen, auf sein Reden. Und wir hören auf sein Wort, das uns in die Treue zu IHM, unserem Gott, ruft.

Im Idealfall zeigt sich die Treue zu Gott in unserem konkreten Verhalten. Und vorgängig natürlich in unserem Herzen, Sinnen und Verstehen. Ferner in unserem Fragen und Bedenken, im Aufblick zu Gott.

Durch beherzte Treue sowie im Handeln aus seinem Geist heraus zeigen wir und unterstreichen, dass wir Gottes Kinder sind, die den Glauben ernst nehmen. Die nicht nur selbst entfacht sind, sondern auch andere entflammen.

Und wenn wir einmal zweifeln an dem, was Gott für uns getan hat oder uns kritisch fragen, ob er uns denn noch liebt, gilt die bleibende Zusage Gottes, wie wir sie im Römerbrief des Apostel Paulus finden (Römer 8,38f):

„38 Denn ich bin gewiss, dass weder Tod noch Leben, weder Engel
noch Mächte noch Gewalten, weder Gegenwärtiges noch
Zukünftiges, 39 weder Hohes noch Tiefes noch irgendeine andere
Kreatur uns scheiden kann von der Liebe Gottes, die in Christus Jesus
ist, unserm Herrn."

Und es ist auch mit Blick auf Gott gut und passend, wenn wir es verpassen zu gehen, wenn wir mal nicht verstehen, was er meint.

Bleiben kann dauerhaftes Glück bedeuten. Treue zahlt sich aus.

Oft dröhnt es aus dem Radio:

„Immer wenn es Zeit wär zu geh´n
verpass ich den Moment und bleibe steh´n
das Herz sagt bleib
der Kopf schreit geh
Herz über Kopf“

Wer kennt diesen Radiohit (von JORIS) nicht!?

„Auch wenn es längst Zeit wär zu geh´n ...“

Die Antwort lautet generell:

„Herz über Kopf“

Das Herz sollte bleibend bestimmen. Davon sollten wir nicht lassen. Niemals! Wenn unser Herz an Gott hängt, dann wird alles gut.

Und dort, bei Gott, hängen bleibt ... dann ist alles roger.

Dann stimmt es mit der Stimmung.

Die Einstimmung in die Liebe Gottes ist eigentlich unsere Melodie.

Das Herz bei Gottes Zuwendung belassen, diese erwidern.

Bei ihm bleiben. Nicht dem Weg-Lauf-Impuls folgen.

Dann ist unser Weg stimmig und gut. Denn er gründet in Gott.

Dann bleibt unser Verhältnis zu ihm im Lot, in guter Balance.

Bleiben wir gestimmt auf seine Stimme und auf sein Reden!

Treue kann auch darin bestehen, den „Moment zu gehen" ein für alle Mal – am besten für immer!!! – zu verpassen.

Das Herz über den Kopf zu stellen, nicht der Ratio des Wechsels zu frönen. Eben zu bleiben! Und die Schönheit eines Du, das man liebt, für immer zu genießen.

Zu Zusagen bleibend zu stehen, das hat eine große Schönheit.

Um sie zu finden und zu behalten, ist das Du-Sagen, das Du-Lieben, das Du-Begehren aber immer wieder neu einzuüben.

Treue verfügt über den Mut, erkannte Wahrheit auch gegenüber falschen, heuchlerischen, trügerischen Versprechen zu verteidigen.

Denn Treue übertritt die von der Lüge gesetzten falschen Grenzen.

Treue weiß, wofür sie steht – und sie bleibt dabei. Herz über Kopf!!

Echte Treue übertritt nie die Grenzen von Liebe und Vertrauen. Sie weiß, was sie zerstören würde, wenn sie diese Grenze ignoriert. Ob dies nun aus der Leidenschaft oder aus Rache heraus geschieht. Oder aus anderen Beweggründen. Letztlich existiert kein Grund, der echte Treue in irgendeiner Weise obsolet machte; denn diese bewährt sich.

Wer Vertrauen mit Füßen tritt, macht sich an der Treue, damit an der Liebe, letztlich an dem Schöpfer der Treue, an Gott selbst, schuldig.

Liebe vermag es, jene Grenzen zu wahren und sie zu achten – und eben nicht zu verwischen –, die Sinn machen und Leben befördern.

Treue ist ein in der Literatur häufig behandeltes Thema.

Und wer das Treue-Motiv googelt, der findet hier zahllose Infos.

Von Goethe, der meint, man solle es nicht allzu eng nehmen mit der Treue, weiter zum Iren Oscar Wilde, der ein Loblied auf die Untreue anstimmt, bis hin zu den Vertretern der Tugend der Treue, die sie als das größte Geschenk im Herzen eines Menschen beschreiben, reicht die Bandbreite dieser vieldiskutierten und oft übergangenen Tugend.

Man erkennt meist etwas, wenn man das Gegenteil erleben musste.

Also etwa den Wert der Treue, wenn man Untreue erfahren hat.

Den Wert des tiefen Vertrauens, wenn es zerbrochen wurde.

Den Wert der Monogamie nach törichtem Seitensprung.

Den Wert der Liebe, wenn zuvor Hass Einzug hielt.

Den Wert zu bleiben nach allzu eiliger Flucht.

Den Wert von Heimat in fremdem Lande.

Ein deutsches Sprichwort sagt:

„Treue ist ein seltner Gast,
Halt ihn fest, wenn du ihn hast."

Ein weiteres deutsches Sprichwort formuliert:

„Treue Weiber und weiße Sperlinge sind seltene Vögel."

Ob Mann oder ob Frau: in Zeiten der promiskuitiven Lebensentwürfe und Lifestyle-Formationen scheint es häufig nicht allzu leicht zu sein, Treue zu leben und sie auch selbst als ein Geschenk zu erhalten.

Gerade beim Thema Treue gilt:

„Lass dich nicht vom Bösen überwinden, sondern überwinde das Böse mit Gutem."

Normal ist das vielleicht nicht. Aber gut. Besonders.

Extraordinär – wie Karl Lagerfeld zu sagen pflegt.

Eben Haute-Couture – und keine Ramschware.

Es ist etwas Großartiges:

Treue leben und dem Willen Gottes entsprechen.

Dem Tiefgang frönen und nicht der Oberfläche.

Bernhard von Clairvaux notierte einmal dazu:

„Einst wird uns nicht so sehr dieß erfreuen, daß unser Kummer gestillt und großes Glück uns zu Theil geworden, als vielmehr, daß Gottes Wille in uns und an uns in Erfüllung gegangen; darum wir auch täglich im Vaterunser bitten, wenn wir sprechen: Dein Wille geschehe, wie im Himmel also auch auf Erden! O heilige und keusche Liebe, o süße und liebliche Empfindung! O reines und ungetrübtes Leben des Willens, wo Nichts mehr von Eigenheit zurückgeblieben ist! So sein heißt Gott gleich werden. Wie ein kleiner Wassertropfen, unter vielen Wein geschüttet, ganz zu verschwinden scheint, da er Geschmack und Farbe des Weines annimmt; wie das Eisen sich ganz vom Feuer durchdringen läßt; wie die Luft, vom Sonnenscheine durchglänzt, in dieselbe Klarheit des Lichtes sich wandelt, so daß sie nicht sowohl erleuchtet, als selbst Licht zu sein scheint; so wird einst in den Heiligen alle menschliche Neigung zerfließen und sich ganz in den Willen Gottes auflösen."

(www.glaubensstimme.de/doku.php?id=autoren:b:bernhard_von_clairvaux:bernhard-zitate, Abruf am 04.02.2017)

Ich darf mich einlassen auf den heilsamen Gotteswillen, auf seine Gedanken, seinen guten Plan für mein Leben und für meine Zukunft.

Es mag ein Plan sein, der offene Entscheidungen mit sich bringt.

Vieles entscheiden wir frei auf dem von Gott zugewiesenen Spielfeld.

Dass Gott Gutes im Sinn hat, sollte dabei unsere tiefe Überzeugung sein. Ich darf Ernst machen mit meiner Treue zu Gottes Zusagen. Denn Gott macht Ernst mit seinen Zusagen zu mir. Wie er das in Christus ja gezeigt hat. Er steht zu uns, bleibend und verbindlich.

Gott meint es gut mit uns!

Und das zeigt sich auch darin, dass er uns seinen Heiligen Geist sendet, der uns in die Wahrheit führt. Der Geist ist es, der uns tröstet, ermutigt, stärkt, bewahrt und mit göttlicher Freude erfüllt.

Der Heilige Geist führt uns; er leitet Menschen, die Christus von Herzen nachfolgen, die sich mit ihrem Leben an Gott festmachen.

Über diesen göttlichen „Spiritus rector" können wir sagen:

„Es geht diesem Lehrer ... darum, das angehäufte Wissen zum persönlichen Eigentum werden zu lassen. Denn ‚Wahrheit' will hier nicht im Sinne von ‚Richtigkeit', sondern im Sinne von existenziellem Erfassen, Erleben und Ausleben verstanden werden."

(Detmar Scheunemann, Und führte mich hinaus ins Weite. Über das Wirken des Heiligen Geistes, Wuppertal 1980, 169)

Das vor Gott erkannte auch bekennen und dann umsetzen!

Vom Geist geführt werden – und der Leitung Gottes folgen.

Seine Worte sollen in und durch uns Wirklichkeit werden.

Unser Leben soll ganz von der Kraft Gottes durchdrungen sein.

Das ist eine schöne Sache: immer vertrauter werden mit Gott.

Gottes Treue zu trauen heißt auch, sich von Ängsten zu lösen.

Ich darf etwa aussteigen aus der Angst, etwas zu verpassen.

Ich darf aussteigen aus Negativ-Routinen der Zurückhaltung.

Und ich darf einsteigen in die Treue, d.h. in das Sich-Trauen.

Mutig und voll tiefer Freude leben.

Dem Verbindlichen zustimmen.

Und darin auch Halt finden.

Denn Treue tut echt gut.

Sie ist quasi die Krone des Lebens.

Und Treue ist die Ehre der Liebe.

Treue ist nur etwas für Heroes. **Denn Treue erfordert Mut, Ernsthaftigkeit und ein allzeit beherztes Wesen.**

Hinterhältige und Haltlose. Falsche und Gemeine, Furchtsame und Menschen mit einem Negativ-Selbstbewusstsein, die bleiben häufig hinter der Treue zurück. Wie gesagt: sie erfordert ja beherzten Mut.

Und gewiss auch ein aufrichtiges Herz.

Ein solches Herz zu kennen, ist ein übergroßes Geschenk. Und das Herz auf dem rechten Fleck zu haben, ist der Start der Treue. Oder auch deren Voraussetzung und bleibende Aufgabe.

Das auf Gottes Stimme eingestimmt Herz! Das Herz ist das Entscheidungszentrum, wie wir es in der biblischen Tradition kennen. Das Herz am rechten Fleck haben, heißt also auch, sich festzulegen auf das Miteinander mit und die Verbindung zu Gott.

Und auch das ist letzten Endes ein Geschenk, Gabe Gottes: „26 Und ich will euch ein neues Herz und einen neuen Geist in euch geben und will das steinerne Herz aus eurem Fleisch wegnehmen und euch ein fleischernes Herz geben. 27 Ich will meinen Geist in euch geben und will solche Leute aus euch machen, die in meinen Geboten wandeln und meine Rechte halten und danach tun."

(Hesekiel 36,26f; Luther 2017)

Der Aufblick zu Gott stärkt. Gibt Kraft. Stärkt uns zur Treue. Zur Treue zum Leben, zum Glauben, zum Hoffen. Zum ehrlichen, aufrichtigen, konsequenten Miteinander. Im Verbindlichsein, in der Treue gewinnen wir Mut. Verlassen wir doch heute einmal alle Fake-News, die belasten. Und verlassen wir uns auf die Good News der Zusage Gottes zu uns. Bleiben wir bei ihm! In Ehrfurcht, mit Hingabe und tiefer Treue. Das wäre Glück und Hoffnung, die unser Leben bereichert. Die unser Leben ganz tief mit dem Mut zur Liebe erfüllt.

Und uns erlöst von dem Diktat der Untreuegesellschaft. Entscheiden wir uns für die Treue zu Gott. Bleiben wir bei Gott. Und er bei uns.

AMEN

Predigt 5

Das Leben genießen, oder: Absurdistan in der Bibel?

(Diverse Texte aus dem Buch Prediger Salomo/Kohelet, s.u.)

Liebe Gemeinde,

wir hören heute auf Worte der Schrift aus dem Buch Kohelet oder Prediger Salomo:

„**10** Ich sah die Arbeit, die Gott den Menschen gegeben hat, dass sie sich damit plagen.

11 Er hat alles schön gemacht zu seiner Zeit, auch hat er die Ewigkeit in ihr Herz gelegt; nur dass der Mensch nicht ergründen kann das Werk, das Gott tut, weder Anfang noch Ende.

12 Da merkte ich, dass es nichts Besseres dabei gibt als fröhlich sein und sich gütlich tun in seinem Leben.

13 Denn ein jeder Mensch, der da isst und trinkt und hat guten Mut bei all seinem Mühen, das ist eine Gabe Gottes.

14 Ich merkte, dass alles, was Gott tut, das besteht für ewig; man kann nichts dazutun noch wegtun. Das alles tut Gott, dass man sich vor ihm fürchten soll.

15 Was geschieht, das ist schon längst gewesen, und was sein wird, ist auch schon längst gewesen; und Gott holt wieder hervor, was vergangen ist.“

(Kohelet 3, 10-15; Luther 2017)

Unser Leben empfinden wir häufig als eine Art Mischung aus Suchen und Finden, aus Versuch und Irrtum, aus der Freude am Entdecken und der Erfahrung zu finden und zugleich auch gefunden zu werden.

Und dabei ist das Leben immer ein Ernstfall, ein Zeichnen ohne Radiergummi.

(cf.: *„Das Leben ist ein Zeichnen ohne die Korrekturmöglichkeiten des Radiergummis."* Oskar Kokoschka)

Jemand hat einmal gesagt:

„Das Leben ist ein Violinkonzert geben,

während man Geige spielen lernt."

Samuel Butler (britischer Komponist und Autor, gest. *1902)*

(Original: „Life is like playing the violin in public and learning the instrument as one goes on.")

Das Buch Kohelet oder Prediger Salomo aus dem Kanon der Weisheitsschriften des Alten Testaments erinnert uns an die Ambivalenz und Grunddialektik, die menschlichem Streben eignen. Manchmal fühlt man sich, als sitze man in einem bunten Cockpit eines Jumbos und wisse nicht genau, was welche Knöpfe bewirken.

Vor lauter Vielfalt keinerlei Plan von dem, was eigentlich dran ist.

Das „Suchspiel des Lebens" erscheint manchmal als ambivalent.

Oder auch als betörend undurchsichtig und gar geheimnisvoll.

Das Geheimnis des Lebens erscheint uns als ein Kreuzworträtsel voller unbekannter Wörter, die wir erst noch zu erfinden haben.

Suchen und finden, Zeit und Ewigkeit, Reflexion und Perspektive.

Das Mühen des Menschen spielt sich zwischen vielen Polen ab.

In Kapitel zwei lesen wir:

„**22** Denn was kriegt der Mensch von aller seiner Mühe und dem Streben seines Herzens, womit er sich abmüht unter der Sonne?

23 Alle seine Tage sind voller Schmerzen, und voll Kummer ist sein Mühen, dass auch sein Herz des Nachts nicht Ruhe findet. Das ist auch eitel.

24 Ist's nun nicht besser für den Menschen, dass er esse und trinke und seine Seele guter Dinge sei bei seinem Mühen? Doch dies sah ich auch, dass es von Gottes Hand kommt.

25 Denn wer kann fröhlich essen und genießen, wenn nicht ich?

26 Denn dem Menschen, der ihm gefällt, gibt er Weisheit, Verstand und Freude; aber dem Sünder gibt er Mühe, dass er sammle und häufe und es doch dem gegeben werde, der Gott gefällt. Auch das ist eitel und Haschen nach Wind."

(Kohelet 2, 22-26; Luther 2017)

Und ähnlich lautet drei Kapitel später eine kleine Ergänzung zu diesem Thema „Das Leben genießen geht nur, wenn Gott es gewährt" folgendermaßen:

„**17** Siehe, was ich Gutes gesehen habe: dass es fein sei, wenn man isst und trinkt und guten Mutes ist bei allem Mühen, das einer sich macht unter der Sonne sein Leben lang, das Gott ihm gibt; denn das ist sein Teil.

18 Denn wenn Gott einem Menschen Reichtum und Güter gibt und lässt ihn davon essen und trinken und sein Teil nehmen und fröhlich sein bei seinem Mühen, so ist das eine Gottesgabe.

19 Denn er denkt nicht viel an die Kürze seines Lebens, weil Gott sein Herz erfreut."

(Kohelet 5, 17-19; Luther 2017)

Der Genuss des Lebens ist also etwas, das wir von Gott geschenkt bekommen. Die geschenkten Gaben und Güter sind das eine; der sinnvolle Umgang damit und ein Herz voller Freude, das andere.

Wir haben gehört: hier klingt das Thema „gibt es einen Gewinn unter der Sonne?" an, also die Frage danach, ob letztlich nicht doch alles ohne bleibenden Sinn und eben „Haschen nach Wind" ist und bleibt.

Denn beim Blick auf den unsäglichen Unsinn, der uns täglich aus der Medienwelt entgegenflimmert, fragt man sich manchmal, ob sich hinter diesem Verblödungsspiel irgendwo noch Sinnhaftes verbirgt!

Bei Kohelet haben wir ein deutlich philosophisch-reflektiertes Weltbild. Mit klarer Ratio wird Welt bedacht, werden Schlüsse gezogen. Das Leben „unter der Sonne" wird genau beäugt und skeptisch wie kritisch analysiert. Eine Effizienzlogik wird angelegt. Es wird dabei deutlich, dass Gott im Himmel ist, der Mensch auf Erden.

Und wir sollen stets besonnen in Ehrfurcht vor Gott treten und wenig Worte machen, wie es zu Beginn von Kapitel 5 heißt.

Das Buch Kohelet beginnt in Kapitel 1 mit dem Hinweis auf den ewigen Kreislauf der Natur und darauf, dass das Frühere immer wieder kehrt. „Nichts Neues unter der Sonne“ – lautet das Resultat.

Und dann kommt König Salomo mit ins Spiel, der sich alles gönnt, was man haben kann: viele Güter, schöne Gärten und die Lust der Männer: eine Unzahl an internationalen Frauen, darunter manche Supermodels, ein Riesenharem aus diversen Ethnien, Herkünften und mit den unterschiedlichsten Hautfarben, Charakteren und Körperformen. Darunter waren wohl vor allem Frauen aus einem gehobenen Stand; das Harem Salomos bemisst offiziell 1000 Frauen, wobei davon lediglich 300 als Hauptfrauen fungieren/deklariert sind.

Und auch hier bleibt das Resümee verhalten: alles bleibt eitel und „Haschen nach Wind“.

Vanity, Eitelkeit. „Häwäl Hawalim“ – wie es im Hebräischen heißt.

Einer meiner Mainzer alttestamentlichen Lehrer – und weltweit einer der wichtigsten Koheletforscher der letzten hundert Jahre –, Prof. Dr. Diethelm Michel, hat vor Jahren bereits vorgeschlagen, dieses Wort aus dem Hebräischen ins Deutsche mit „absurd“ zu übersetzen.

Vielleicht könnte man auch sagen: bar jeden Sinns. Sinnwidrig.

Nicht durchschaubar und kaum zu fassen. Letztlich eben „absurd“!

Absurd erscheint so vieles im Leben! So manches wirkt eben absurd, undurchschaubar. Manchmal wirken Dinge, Erfahrungen, Situationen oder gar Personen „mysteriös“, geradezu magisch oder zugangslos verborgen, dem Denken und Analysieren schier verschlossen.

Die Welt erscheint uns manchmal als eine Art „Absurdistan".

Als seltsam unlogisch, und oft auch alles andere als fair und gerecht.

Und Kohelet liefert uns vielerlei Beispiele in seinem Buch mit zwölf Kapiteln: Reiche, die böse sind und offenbar ungestraft ihren Lebensstil durchziehen können; kluge Arme, deren Stimme keiner hören mag; Menschen, die sich abrackern für ein uferloses Vermögen und deren Reichtum dann später an andere fällt, die gar nichts dafür geleistet haben. Gerechtigkeit, ein von Fairness geprägtes Leben, kann Kohelet beim Blick auf diese Welt oft kaum erkennen.

Dennoch bleibt für ihn das Resümee bestehen: es kommt auf das Herz an, das froh gestimmt ist und sich dem Gotteswillen fügt.

Happiness ist der größte Schatz, der wichtigste Reichtum.

Be happy! Wo auch immer möglich, wann immer.

Any time, any place ... keep a happy heart!

Lass dich nicht aus dem Palast der Freude vertreiben!

Bleib auf dem Pfad der Freude, das ist gesund und gut für uns!

Denn hier regiert die göttliche Gnade und Güte und lässt uns lächeln.

Und so notiert Kohelet in Kapitel elf und zwölf die folgenden Worte:

„**9** So freue dich, Jüngling, in deiner Jugend und lass dein Herz guter Dinge sein in deinen jungen Tagen. Tu, was dein Herz gelüstet und deinen Augen gefällt, und wisse, dass dich Gott um das alles vor Gericht ziehen wird." (Kapitel 11; Luther 2017)

„**13** Lasst uns am Ende die Summe von allem hören: Fürchte Gott und halte seine Gebote; denn das gilt für alle Menschen.

14 Denn Gott wird alle Werke vor Gericht bringen, alles, was verborgen ist, es sei gut oder böse." (Kapitel 12; Luther 2017)

Wir sehen eine schöne Dialektik zwischen dem „Tue, was dein Herz gelüstet, wohin dich dein Lebenspuls führt" und dem „Sei dessen inne und gewahr, dass du Gott dafür Rechenschaft geben musst".

Zwischen dem Wollen und Wünschen einerseits und den sinnvollen Grenzwerten andererseits spielt unser Leben, unsere ganze Existenz.

Manches erscheint in der Tat flüchtig, beliebig, eben gar absurd.

Und das Hebräische „häwäl", was eigentlich „Windhauch" bedeutet und das „verfliegende Leben", die Leichtigkeit des Moments und die Flüchtigkeit der Lebenszeit andeutet, macht dies markant deutlich.

Vanitas. Verdammt zum *Spiel auf Sinn* inmitten von Absurditäten.

Absurdistan scheint die Realität zu sein!

Dennoch sollen wir zum Lebensgenuss, zum positiven Umgang mit dem Leben kommen. Und der Grund allen Genusses wird uns hier vorgestellt: es ist Gott, der Schöpfer, von dem alles kommt, das Schöne wie das Schwere. Er hat jegliche Zeit vorherbestimmt: Geburt und Tod, Anfang und Ende, Liebe und Hass, Mut und Verzweiflung, Ernst und Humor, Kraft und Ohnmacht, Sorge und Gewissheit.

Wir leben in Gottes Zeit – wie auch immer diese Zeit aussieht.

Das Anfängliche mit seinen potentiellen Vergänglichkeiten, das Ende und Abschiedliche mit seinen gar mancherlei „Rückbezüglichkeiten".

Retrospektive wird oft eingespielt, wo das Vergängliche greifbar und fühlbar, manchmal gar „riechbar" um die Ecke zu schleichen scheint.

Ob nun Prospektive, Retrospektive oder Perspektive. Whatever!

Wir sind mit all unserem Sein und Werden eingebettet in die göttliche Dimension, gleichsam verwoben mit der Gotteswirklichkeit.

Alles ist geborgen in der Gottessphäre.

Das Emotionale mit seinen Schwierigkeiten wie auch das auf Effizienz getrimmte Pragmatisch-Geerdete mit all seinen Höhen und Tiefen.

Unser Leben, unsere Gefühle, Wünsche, Träume, unser Verstehen und Wollen – alles ist in den Zeithorizont des Göttlichen eingebettet.

Und Gott hat den Olam – wie es in Kapitel drei heißt – in das Herz bzw. den Verstand des Menschen gelegt. Hier tickt er unaufhörlich.

Olam heißt so viel wie „Dauer“, „Bleibendes“ – oder auch „Ewigkeit“.

Der Horizont des Bleibenden spornt uns an, uns, die Zeitverfallenen!

Diese Suche nach Bleibendem, nach Gelingen, nach etwas Substanziellem, das Halt verheißt, hat Gott uns ins Herz gelegt.

Und wir tun gut daran, diesen Impuls auszuleben. Uns um das zu kümmern, was wirklich zählt und Wertigkeit besitzt; um das, was über die tägliche Flüchtigkeit und Beliebigkeit hinausweist.

Ein Leben, das sich so Gott öffnet, dass jede Zeit, jeder Moment, jeder Augenblick aus seiner Hand empfangen wird und wir glücklich jeden Tag als den Freiraum zu leben, zu atmen und zu sein begreifen, kann gelingen. Ein gelingendes Leben ist ein *gottnahes Leben*.

Und in der Tat geht es hier ja um das gelingende, glückliche Leben.

Ein Leben im Modus der Happiness!

Ein frohes Herz macht ein schönes Leben!

Ein glückliches Herz macht die Seele froh!

Gott hat alles schön gemacht zu seiner Zeit.

Und diese Schönheit zu entdecken, das ist eine bleibende Aufgabe.

Und eine bleibende Herausforderung für jeden Tag unseres Lebens.

Schönheit ist ein Glücksfenster der Entfaltung im Taumel des Ewigen.

Das Ewige berührt die Seele im Erlebnisfeld schöner Dinge, schöner Entdeckungen und Erfahrungen.

Schönheit ist in gewisser Weise ein Orkan im Emotionshaushalt des Alltäglichen. Und manchmal ist das Schöne auch so etwas wie ein Organisationsforum psychischer Magnetsplitter. Schönheit ist magisch; sie kann unser Denken und Fühlen stark organisieren. Schönheit ist aber auch ein Hort der Weisheit im Freiheitsgefühl des Augenblicks. Ein Fingerzeig des Höchsten in unserer Zeit.

Von daher ist es nicht verwunderlich, wenn manche der oder einer Schönheit verfallen und alles von der Schönheit abhängig machen.

Alles hat Gott schön gemacht zu seiner Zeit.

Schön – zu seiner Zeit! Und das schließt eben auch ein, dass wir uns sowohl dem Tun als auch dem Geschickten, ja jeder Situation mit einem positiven Geist nähern dürfen. Alles sollen wir aus Gottes guten Händen nehmen. Sei es schwer, leicht, besonders oder schlicht, groß oder klein.

Jeder Augenblick bietet uns die Gelegenheit, etwas von der Liebe und dem Glück wahrzunehmen, das Gott darin für uns verborgen hat.

Geschenke sind doch da, um ausgepackt zu werden.

Wer nur immer das tolle Einpackpapier anhimmelt, dringt nicht zum Eigentlichen vor. Auspacken, genießen, anwenden.

Der Freude Tür und Tor öffnen, Ernst machen mit der Heiterkeit!

Nutze den Tag! Carpe diem!

Werde dir deiner wunderbaren Möglichkeiten, Chancen und dem Geschenk des Lebens bewusst!

Und lebe konstant und beherzt in diesem Bewusstsein!

Das Büchlein Kohelet ist in gewisser Weise eine Reise in die Genussfähigkeit des Menschen mit der Aussage: Glück ist möglich, weil Gott es gewährt. Glück ist nicht machbar, aber erlebbar.

„Mit einer Philosophie des Glücks steht Kohelet wahrscheinlich in einem Gespräch mit *traditioneller jüdischer Weisheitstheologie* auf der einen und *hellenistischer Philosophie und Kultur* auf der anderen Seite. Mit der Frage nach dem Glück des Menschen greift Kohelet ein Grundmotiv *alttestamentlicher Weisheit* auf. In polemisch-provokativer Zuspitzung weist er darauf hin, dass die von der Weisheit betonte Vorstellung vom Tun-Ergehen-Zusammenhang oft mit der Erfahrung nicht übereinstimmt (7,15f; 8,12f-14)."

(Ludger Schwienhorst-Schönberger)

Vieles ist und bleibt Geschick, ohne großen persönlichen Einfluss.

Viele Fragen scheinen dabei offen und gar geheimnisvoll zu bleiben.

„Gott gibt Antwort in der Freude des Herzens", wie es Norbert Lohfink formuliert. „Wer die menschliche Situation akzeptiert und den jeweiligen Augenblick, wie er auch immer aussehen mag, als Gottes jetzige Zuwendung und als die einzige, aber auch hinreichende Möglichkeit, die eigene Existenz mit Gottes Ewigkeit zu verbinden, anerkennt: der ist ‚gottesfürchtig'. Die ‚Gottesfurcht' ist die größte menschliche Möglichkeit."

Schon im Psalter sowie auch im Proverbienbuch heißt es, dass ein weises Leben, ja jegliche Form echter Weisheit mit der Gottesfurcht beginnt. Im Aufblick zu Gott werden Menschen weise.

Ein Loblied der Gottesfurcht finden wir auch in den Apokryphen bzw. in der sog. Intertestamentarischen Literatur, bei Jesus Sirach:

„**2** Die Furcht des Herrn macht das Herz fröhlich und gibt Freude und Wonne und langes Leben. ...

13 Wer den Herrn fürchtet, dem wird's am Ende gut gehen, und am Tage seines Todes wird er den Segen empfangen.

14 Gott lieben, das ist die allerschönste Weisheit,

15 und wer sie erblickt, der liebt sie; denn er sieht, welch große Wunder sie tut."

(Jesus Sirach 1; Luther 1984)

Im Gespräch mit dem Höchsten kommen Talente auf Hochtouren.

Im Dialog mit dem Schöpfer entfalten sich die Gaben der Geschöpfe.

Zwischen Sorgen und Träumen nimmt das Glück seinen Lauf.

Zwischen Wagen und Zagen geht das Tor der Wahrheit auf.

Zwischen Himmel und Erde sehnt der Mensch sich nach Glück – und am Ende dann nimmt uns Gott wieder zurück in seine ewige Heimat.

Kohelet lädt uns ein, voller Mut und Power, aber auch bedacht und bestimmt das Leben mit all seiner Schönheit und Großartigkeit wahrzunehmen. Es zu entdecken, aber auch seine Wahrheiten im Kleinen und Großen immer wieder zu entziffern suchen.

Lassen wir abschließend noch einmal das Buch Prediger Salomo zu uns sprechen:

„**7** So geh hin und iss dein Brot mit Freuden, trink deinen Wein mit gutem Mut; denn dein Tun hat Gott schon längst gefallen.

8 Lass deine Kleider immer weiß sein und lass deinem Haupte Salbe nicht mangeln.

9 Genieße das Leben mit der Frau, die du lieb hast, solange du das eitle Leben hast, das dir Gott unter der Sonne gegeben hat; denn das ist dein Teil am Leben und bei deiner Mühe, mit der du dich mühst unter der Sonne.

10 Alles, was dir vor die Hände kommt, es zu tun mit deiner Kraft, das tu ..."

(Kohelet 9, 7-10; Luther 2017)

Tun, was möglich ist, dem Leben eine Chance geben. Jeden Tag genießen als den Moment, den Gott uns schenkt. Eingedenk dessen, dass Gott der „Freund des Lebens" (Sapientia Salomonis 11, 26b) ist. Ihm zu vertrauen, das ist Glück und Weisheit.

Jede Stunde ist Gottes Zeit mit uns. Das stimmt dankbar und froh.

Ein dankbares Herz ist und bleibt ein Geschenk.

Wir dürfen es annehmen.

AMEN

Postscriptum

Eine hörende Nation, die hatte Luther im Sinn.

Eine Nation, die ganz Ohr ist für das Wort, das von Gott ergeht.

Martin Luther hat selbst immer wieder seinen Gang durch diese Ermutigungs-, Trost und Weisungswelt der Heiligen Schrift gewagt.

Die Schrift war sein Hort, der Anker aller seiner Forschungen, Brennglas der Wahrheit und die Richtschnur, die für ihn das Leben vermaß. Dabei ging es ihm über das Wort hinaus um eine rechte Erkenntnis und ein tiefes geistliches Verstehen der Wahrheit; letztlich ging es ihm um die Erkenntnis des einen Gottes und seiner Wahrheit:

„Wer die Erkenntnis der Sache nicht hat, dem wird die Erkenntnis der Worte nichts helfen.“ (Martin Luther)

Gottes Ideen für unser Leben zu entdecken, ist eine großartige Sache.

Das Wort der Schrift ist der Ort, von dem aus das Leben gestaltet werden soll. –

Dieses Werk ist eine kleine Predigtsammlung.

Da lesend manches im Inneren, auf der „auditiven Bühne“, laut wird – oder man selbst laut liest –, ist auch das geschriebene Wort eine Art Predigt: Rede ans Ohr, das hört. Und so manches geschriebene Wort wirkt beim Lesen ähnlich stark wie gesprochenes Dynamit.

So schließe ich diese Seiten mit einem Zitat von Thomas Carlyle:

„Bücher sind auch eine Predigt.“ Lebendiges Wort, das (be)trifft!

So sind Predigten letztlich Bilder, die Gott in unsere Herzen malt.

Printed by Books on Demand GmbH, Norderstedt / Germany